教育部人文社会科学研究项目"信息视角下的市场治理研究"（13YJA790103）和河北省科技厅软科学项目"河北省农村土地流转中的突出问题与对策研究"（16456108D）资助

信息视角下的
市场治理研究

刘彦平　田　光　著

Xinxi Shijiao Xia De

Shichang Zhili Yanjiu

中国社会科学出版社

图书在版编目（CIP）数据

信息视角下的市场治理研究/刘彦平，田光著. —北京：中国社会科学出版社，2018.8
ISBN 978-7-5203-3192-0

Ⅰ.①信… Ⅱ.①刘…②田… Ⅲ.①市场管理—研究 Ⅳ.①F713.56

中国版本图书馆 CIP 数据核字（2018）第 214911 号

出 版 人	赵剑英
责任编辑	卢小生
责任校对	周晓东
责任印制	王　超

出　　版	中国社会科学出版社
社　　址	北京鼓楼西大街甲 158 号
邮　　编	100720
网　　址	http://www.csspw.cn
发 行 部	010-84083685
门 市 部	010-84029450
经　　销	新华书店及其他书店

印　　刷	北京明恒达印务有限公司
装　　订	廊坊市广阳区广增装订厂
版　　次	2018 年 8 月第 1 版
印　　次	2018 年 8 月第 1 次印刷

开　　本	710×1000　1/16
印　　张	13
插　　页	2
字　　数	194 千字
定　　价	58.00 元

凡购买中国社会科学出版社图书，如有质量问题请与本社营销中心联系调换
电话：010-84083683
版权所有　侵权必究

目　　录

第一章　市场治理概论 …………………………………………… 1

第一节　市场治理的含义、主体、对象和途径 ………………… 1
一　市场治理的含义和主体 …………………………………… 1
二　市场治理的对象 …………………………………………… 1
三　市场治理的途径 …………………………………………… 3

第二节　信息视角的市场治理研究缘起
　　　　——新型市场失灵 ………………………………………… 5
一　规则失灵与市场失灵 ……………………………………… 6
二　新型市场失灵的形成及其解释力 ………………………… 10
三　新型市场失灵与传统市场失灵的异同 …………………… 14

第三节　市场治理的目标 ………………………………………… 21
一　市场治理的核心目标是诚信交易 ………………………… 22
二　市场治理的诚信目标不同于伦理学、金融学和
　　法学意义的诚信 …………………………………………… 22

第四节　市场诚信治理的意义 …………………………………… 25
一　市场治理关乎市场存亡 …………………………………… 25
二　市场治理的效率意义 ……………………………………… 28

第二章　市场治理模式创新
　　　　——信息剩余论 …………………………………………… 29

第一节　信息剩余的含义 ………………………………………… 29
一　马克思级差地租理论与信息剩余 ………………………… 29

二　约拉姆·巴泽尔产权理论与垄断条款
　　　　理论的启示 …………………………………… 33
　　三　信息剩余论的实践基础 …………………………… 34
第二节　信息剩余的作用 ……………………………………… 35
　　一　信息剩余促成基础契约 …………………………… 36
　　二　信息剩余使基础契约有效执行 …………………… 38
　　三　信息剩余减少基础契约纠纷 ……………………… 39
第三节　信息剩余的作用机理 ………………………………… 41
　　一　利益相容机制 ……………………………………… 41
　　二　信息平衡机制 ……………………………………… 42
第四节　信息剩余的特点 ……………………………………… 43
　　一　避免潜在损害 ……………………………………… 43
　　二　信息剩余的内在约束 ……………………………… 44
　　三　信息剩余不同于道德准则 ………………………… 44
　　四　信息剩余的低成本 ………………………………… 45
第五节　信息剩余与信息不对称理论比较 …………………… 46
　　一　信息剩余不同于信息不对称 ……………………… 47
　　二　信息不对称理论沿革 ……………………………… 47

第三章　基于信息剩余理论的制度建设 ……………………… 50

第一节　退货制度的经济学诠释 ……………………………… 50
　　一　退货制度生成的根源 ……………………………… 50
　　二　退货制度是一种信息剩余制度 …………………… 51
　　三　退货制度的作用机理 ……………………………… 52
　　四　退货制度的优势 …………………………………… 54
第二节　作为补充性契约的信息剩余制度建设 ……………… 57
　　一　补充性契约的概念及由来 ………………………… 57
　　二　补充性契约的效力及其作用机理 ………………… 58
　　三　信息剩余的独占 …………………………………… 61

　　　　四　补充性契约的扩展
　　　　　　——专家导购制 …………………………………… 62
　　　　五　契约效力的根源 ………………………………………… 63
　　　　六　制度空间与私有信息的化解 …………………………… 64

第四章　信息剩余理论的应用性研究
　　　　——劳动力市场分配问题 ………………………………… 75

第一节　初次分配失衡的必然性 ………………………………… 75
　　一　马克思劳动价值论与初次分配失衡的必然性 ……… 75
　　二　信息优势者分余 ……………………………………… 77
第二节　初次分配失衡的化解路径 ……………………………… 78
　　一　自我人力资本提升的微观化解路径 ………………… 78
　　二　多元在场性合作社会治理模式的
　　　　宏观化解路径 ………………………………………… 81

第五章　信息剩余理论的应用性研究
　　　　——农民工市场问题 ……………………………………… 86

第一节　价值剩余、产权剩余和信息剩余比较研究 …………… 86
　　一　价值剩余、产权剩余和信息剩余三个概念的诠释 … 87
　　二　三个概念的多维比较 ………………………………… 87
第二节　三个概念及其比较研究的意义 ………………………… 90
　　一　三个剩余、农民工消费结构与农民工人力资本
　　　　提升的相互促进 ……………………………………… 90
　　二　三个剩余理论对社会治理体制创新的诠释 ………… 93
　　三　对现实经济问题诠释和引导的路径拓宽 …………… 94
　　四　马克思资本逻辑与信息逻辑的关系 ………………… 95

第六章　信息剩余理论的应用性研究
　　　　——商业保险市场问题 …………………………………… 98

第一节　保险的最大诚信原则与理赔难 ………………………… 98

一　保险的最大诚信原则 ································ 98
　　　二　理赔难
　　　　　——货币信息弱势的主要表现 ····················· 100
　　　三　怎样看待保险欺诈这种"货币强势"现象 ··········· 102
　第二节　商业保险中货币信息弱势的危害与化解 ············ 103
　　　一　保险诚信使保险人面临危机 ······················· 103
　　　二　投保人的回避效应、缄口效应和抬腿效应 ·········· 105
　　　三　保险人是保险诚信的关键 ························· 107
　　　四　被保险人的诚信问题 ····························· 109

第七章　信息剩余理论的应用性研究
　　　　——教育市场问题 ································· 111
　第一节　教研室连带责任制度设计原则 ···················· 111
　　　一　奖惩对称原则 ··································· 111
　　　二　激励相容原则 ··································· 112
　　　三　管理系统化原则 ································· 112
　第二节　连带责任制度的制定 ···························· 113
　　　一　连带内容 ······································· 113
　　　二　连带责任特点 ··································· 115
　第三节　连带责任制度的有效性机理 ······················ 116
　　　一　利益相关机制 ··································· 116
　　　二　效用强化机制 ··································· 117
　　　三　组织歧视机制 ··································· 118
　　　四　教研室声誉机制 ································· 118

第八章　信息剩余理论的应用性研究
　　　　——人力资本收益分配问题 ························· 120
　第一节　人力资本收益分配中矛盾的根源 ·················· 120
　　　一　现实中人力资本收益分配问题的凸显 ·············· 120
　　　二　人力资本收益分配中矛盾的根源 ·················· 121

第二节　人才培养的困惑 ………………………………………… 122
一　家庭投资的困惑 ……………………………………… 122
二　贷款机构的困惑 ……………………………………… 123
三　人才聘用者的困惑 …………………………………… 124
四　国家的困惑 …………………………………………… 125
第三节　人力资本收益分配中矛盾的危害及出路 …………… 126
一　对投资者的重要影响 ………………………………… 126
二　人力资本投资者的公平回报 ………………………… 127

第九章　信息剩余理论的应用性研究
——债务市场问题 ……………………………………… 128

第一节　债务市场中的诚信关系 ……………………………… 128
一　债务诚信的根基 ……………………………………… 128
二　债务的欺诈机制 ……………………………………… 129
第二节　债务市场诚信建设制度化 …………………………… 130
一　多因素合力 …………………………………………… 130
二　诚信记录的一票否决制 ……………………………… 130

第十章　信息剩余理论的应用性研究
——循环经济问题 ……………………………………… 131

第一节　研究背景 ……………………………………………… 131
一　实践背景 ……………………………………………… 131
二　政策背景 ……………………………………………… 132
三　理论背景 ……………………………………………… 136
第二节　河北省循环经济研究现状 …………………………… 136
一　国内研究的主要问题及评价 ………………………… 136
二　国外研究的主要问题及评价 ………………………… 137
第三节　河北省循环经济内容 ………………………………… 137
一　企业微观动力机制的含义 …………………………… 137
二　河北省循环经济的企业微观动力机制现状 ………… 138

三　河北省循环经济的企业微观动力机制
　　　　问题的危害 ·· 140
　　四　河北省循环经济的企业微观动力机制
　　　　问题的成因 ·· 140
　　五　河北省循环经济的企业微观动力机制
　　　　问题的出路 ·· 142
　　六　对策和建议 ·· 143

第十一章　信息剩余理论的应用性研究
　　　　——公共政策问题 ··· 145

　第一节　信息成本的降低与公共政策需求 ···························· 145
　　一　信号失灵 ··· 145
　　二　信号维护成本比较及选择 ······································ 146
　第二节　信号规制与制度交易 ··· 147
　　一　制度交易分类 ·· 147
　　二　信号规制的归属 ··· 148
　　三　规制信号的公共政策的局限性 ································ 148
　第三节　公共政策制度的多级委托—代理风险 ····················· 151
　　一　利己本能与社会角色冲突的本质规定 ······················· 151
　　二　利己本能和社会角色的冲突是
　　　　委托人风险产生的根源 ··· 153
　　三　启示 ··· 155

第十二章　信息剩余理论的应用性研究
　　　　——医疗市场问题 ··· 156

　第一节　经济学视角的医患关系及其矛盾 ··························· 156
　　一　医患关系的多个视角 ·· 156
　　二　医疗消费中货币信息弱势的表现及危害 ···················· 160
　　三　医疗消费中货币信息弱势的原因 ····························· 163

第二节　病人治疗跟踪制 …………………………………… 166
一　已有应对措施及其局限性 …………………………… 166
二　病人治疗跟踪制度安排 ……………………………… 174

第十三章　信息剩余理论的应用性研究
——农村土地流转市场问题 ………………………… 177

第一节　农村土地流转市场诚信问题 ………………………… 177
一　农村土地流转市场诚信问题的表现 ………………… 177
二　农村土地流转市场诚信问题对农村土地流转市场
　　总体布局的危害 ……………………………………… 179

第二节　农村土地流转市场诚信问题的成因及其化解 ……… 180
一　农村土地流转市场诚信问题的成因 ………………… 180
二　农村土地流转市场诚信问题信息
　　视角的治理机制设计 ………………………………… 182

第十四章　信息剩余理论的应用性研究
——网络市场问题 …………………………………… 185

第一节　网络市场诚信问题 …………………………………… 185
一　网络市场的特点 ……………………………………… 185
二　网络市场的货币信息弱势 …………………………… 185

第二节　网络市场治理机制 …………………………………… 187
一　拆包后付款 …………………………………………… 187
二　网络市场治理机制的博弈论诠释 …………………… 188

参考文献 ……………………………………………………… 192

后　记 ………………………………………………………… 197

第一章 市场治理概论

第一节 市场治理的含义、主体、对象和途径

一 市场治理的含义和主体

本书把市场治理界定为市场管理者、市场交易者、社会成员、媒体和研究者等运用行政、法律、市场制度和文化建设等一系列手段来实现诚信交易的过程及状态。这样，市场治理含义表明了治理的对象是买卖双方之间的诚信交易问题，不包括卖方之间的不正当竞争和买方之间的不正当竞争。市场治理包括市场治理的主体、对象、缘由、途径、目标和意义等，关于市场治理主体，这里采用广义的说法，狭义的仅指直接的、维护市场运行的以及超越于市场交易者的市场管理者，采用广义的说法具有更强的理论性，以使问题得到更加深入的探讨。

二 市场治理的对象

市场治理的对象是市场交易主体的机会主义行为，尤其是在交易中处于信息优势地位的供给方即卖方，而买方作为货币所有者则处于信息弱势地位，因为供给方的商品或服务属性多，其中有些重要信息不为对方所知，而且难以鉴别；相应地，货币信息属性少、对方知晓，而且容易检验；这种买卖双方的信息差异有例外存在，如金融机构，银行持有货币要向外贷出，银行却是卖方，它的商品或服务是特殊的货币资金，而买方即资金的借方信息含量多而复杂，所以，一般来说，是买方处于信息弱势、卖方处于信息优势，但也不尽然，更准

确的说法，应该是商品或服务的所有者处于信息优势而货币所有者处于信息劣势；信息不对称是交易的前提条件，否则就不会有交易的产生，如果大家都判断应该买进或者都判断应该卖出，还谈何交易呢？所以，我们要治理的并不是信息不对称，真正要治理的是信息不对称的机会主义利用，由于信息不对称往往是机会主义的前提条件，所以，我们才主张平衡信息，让大家在信息透明的前提下对市场走势做出各自不同的判断，这样的市场才是真正公平有序的市场，大家竞争的是市场才华，而不是谁更奸诈；还要说明的是，机会主义不同于实用主义或功利主义，机会主义是践踏制度规则的损人利己，是对市场制度和秩序的破坏；功利主义在伦理学上属于一种善，做功得利，服务于最大多数人的最大幸福的实现，这种理论不同于一般的伦理学说，它不考虑一个人行为的动机与手段，仅考虑一个行为的结果对最大快乐值的影响，能增加最大快乐值的即为善；反之即为恶。这种功利主义理论远远比不上罗尔斯的正义论，但它又不属于机会主义，然而它不计手段的性质、过程的合理性以及结果对少数人的损害，一味地强调效果目标，很容易导致损人利己的机会主义，如果说功利主义与机会主义有一点点差别，那也仅仅是一步之遥，功利主义宣传的是最大多数人的最大利益，实质上是把一些个体的目标推演为社会的目标，借社会福利之名，谋取个体利益之实。总之，市场治理的对象定位在各种各样的机会主义。这里的机会主义不是指缘于权力的机会主义，而是指来自市场交易的优势信息的机会主义，这种市场即美国经济学家乔治·阿克尔洛夫（George A. Akerlof）在20世纪70年代所提出的信息不对称的"柠檬市场"。

　　站在文化的角度看机会主义，机会主义是一种人格。是一种低层次的人格，什么是人格呢？心理学界一般认为，人格是个体内在行为上的倾向性，它表现一个人在不断变化中的全体和综合，是具有动力一致性和连续性的持久的自我，是人在社会化过程中形成的给予人特色的身心组织。按照弗洛伊德的精神分析，人的心理由潜意识、前意识和意识三个部分组成，以之相对应，人格结构是本我、自我和超我。本我对应与生俱来的潜意识的结构部分，处于人格结构的最底层，最接近兽性的本能冲动，它按照快乐原则行事，一味寻求自我满足；自我对应意识，是本我经外部世界影响而形成的，处于人格结构的表层，它按照现实原则行事，监督和裁判本我，并予以适当的满足；超我代表良心、自我理想，处于人格结构中的最高层，它按照至善原则行事，限制本我、指导自我，以实现理想自我。如果三者之间保持平衡，人格就会正常发展；反之，人格就会出现偏离而导致神经症，机会主义就是一种最接近兽性的本能冲动、按照快乐原则行事和一味寻求自我满足的最低人格，他的人格结构失衡直接伤害的是他人和社会，而最终毁灭的是他自己。

三 市场治理的途径

关于市场治理途径，这里更加强调市场制度建设，如退货制度，与外在强制性的行政法律相比，市场制度建设和实施是交易主体主动自觉的行为；与内在理念信仰的文化建设相比，市场制度可以是无信仰而主动为之。从更深层次的理论意义上讲，市场治理意味着要改变一些东西，改变的路径有进化论和传播论等，本书所创新的核心即信息剩余理论及其指导下的治理机制可以看作是进化论的基础，进化论讲基因固定和适者生存，随着形势的变化、市场类别的不同，市场机会主义就会改头换面，而它的克星即其具体的治理机制也要变更，不变的是其自私的基因即机会主义，这个基因是为了机会主义者自身的生存。传播论认为，一个事物的变化依靠的是外在文化的介入、传播和影响，而其自身的创造很难改变它。这种理论强调了外界影响的重要性，具有一定的现实依据，但也漏洞百出，如低估了事物自身的主观能动性，市场机会主义固然要受制于外在的声誉和法规等的影响，但它在现实中却总是能够"生生不息"，难以绝迹，可以说与其适应环境的自生能力具有密切的关系，所以，外界很难有效干预，相对而言，还是信息剩余论指导下的自治理更有效果。如果把机会主义也看作一种文化的话，那么这种文化也是存在于政治、经济、社会和生态等的相互依存中，它有其自身产生的内在规律，外界因素很难瓦解它，为什么在机会主义卖家身旁存在有些商家对待顾客至诚至信，就说明了这一点，他们各有其形成的综合性因素，这样，文化是多元的,每种文化都是独特的,不可能找到一套文化整合的理论或"放之四海而皆准"的普遍规律①,如此看来,一种文化的变革也就只能依赖于它所产生的综合性因素的改变而自动地发生改变,而不可能在它旁边安放一种新的文化就被马上同化掉,机会主义市场文化也是这样,它的改革要靠它本身的觉悟,在与政治、经济和法律等综合性因素的相互作用下逐渐完成自己的蜕变,而若在特定时空条件下单纯依靠道德示范和外在的强制干预则很难奏效。正是由于看到文化的形成和发展有其内在的逻辑,美国现代人类学的奠基人之一弗朗兹·博厄斯主张对各种文化进行"主观的探究",即通过可观察到的表面现象,把重点放在把握文化的深层观念上,真正深入文化的"内部"去看待文化,美洲西北海岸钦鲁克印第安人中间盛行一种夸富宴,在宴会中,具有酋长身份的主人为了显示其富有,便准备大量财富供人捣毁或分送客人。这是因为,他们生活上的主要动机就在于无止境地追求社会声望和紧紧把握住已获得的声望,因而即使只丧失了一点点声望,他们也会产生极大的自卑感。可见,一种文化要是脱离开整体背景与社会结构去理解,便会显得荒诞不经和难以解析,只有以主观的观点,从其内在的逻辑入手,去进行具体的、历史的以及全面的探究,才可能找到实质性的东西,一种文化是不可能被其他文化完全整合的,正如一块山坡地被侵蚀,尽管可以有自然法则来解释侵蚀的现象,却由于这种现象极其复杂,它们永远不能被用来预测,而且它的侵蚀情况无法在其他任何地方找到相同例证。市场上不可能没有机会主义,正像不可能没有等价交换和利他主义一样,这是它们各自的历史发展的结果,只要有市场,它们就会并行不悖。当然,机会主义和利他主义还不能以文化相对论和文化平等观来对待,否则就不存在市场治理问题了。文化相对论和文化平等观下的文化首先应该遵循不对他人和社会利益造成危害的大前提,这是市场文化的历史功能,更是其现实功能所要求的。

古人没有"市场治理"这一词语,但是却有着丰富深刻的市场治

---

① 瞿明安主编:《现代民族学》第1册(下),云南人民出版社2009年版,第6页。

理的智慧，可分为宏观维度和微观维度，宏观上的市场治理思想旨在维护统治者利益，实行的制度主要有税收制度和专营制度等（张春霞，2008）；微观上旨在兼具市场秩序和诚信交易，孔子说，"信以成之，君子哉"（《论语·卫灵公》），诚信成为一种社会理性应归功于儒家。我国改革开放以来的市场治理含义与管理的含义渐行渐远，而且偏重于微观维度，"管理"一词往往意味着管理者与管理对象的不平等地位，管理手段倾向于行政命令，管理的目标是管理者所代表的利益；而"治理"一词则相反，它强调的是管理者与被管理者的平等地位，治理手段多元化，治理目标兼顾管理对象和管理者的代理利益。同时，"治理"一词在其应用的场合如市场治理、公司治理和社会治理等，都是指其市场、公司和社会这种治理对象的直接和微观的维度，而不是全部归结为国家社会利益这样的宏观维度。在国外，美国的奥利弗·E. 威廉森（Oliver E. Williamson）的《治理机制》算是这方面的一部力作，其中谈到了以抵押品支持交易的可信承诺。

第二节　信息视角的市场治理研究缘起
　　——新型市场失灵

　　为什么要进行市场治理，因为市场交易存在各种问题，其中一个突出的问题就是诚信交易问题，而又为什么会出现诚信交易问题呢？那就是买卖双方的信息不对称所造成的新型市场失灵使然。

　　传统市场失灵理论不能够解释买方市场、竞争性市场等市场类型中的买方利益受损问题；新型市场失灵理论从货币与商品信息含量差异的角度给出了答案，强调交易中的商品信息垄断不以货币演化、市场结构和制度技术进步为转移，并对两种市场失灵进行了比较分析。

　　无论市场结构如何，卖方总是处于信息优势地位，它所垄断的是无形的信息，同样会损害消费者和社会的利益，相对于垄断、外部性和公共产品而言，属于一种新型的市场失灵。

一 规则失灵与市场失灵

规则失灵不同于市场失灵，新型市场失灵又不同于传统市场失灵。

（一）规则失灵和市场失灵的区别

1. 规则失灵和市场失灵的判断

市场规则是保证市场充分自由地发挥其配置资源功能的一系列根本制度和具体规定以及市场主体的价值观念；规则失灵是指那些制度、规定和价值观由于缺位和弊端而失去了上述"保证"的作用。对这个问题的认同度较高，因此，下面着重讲市场失灵的判断。

第一，市场失灵是针对市场万能论而言的。古典经济学及新自由主义认为，自由市场制度是万能的，通过个人利益的追求可以达到社会利益的和谐、增加，但是，随着实践的发展，人们发现，在许多方面，市场都是无能为力的，于是就有了"市场失灵"之说。

第二，判断市场失灵与否，还须着眼于宏观经济和社会总体目标。企业运行的效率和宏观经济效率是不相等的，前者的高效率也许是后者的损失，如垄断、外部负效果的产生，谈论市场失灵应以后者为参照，因为站在这个角度对市场失灵的概括会更全面、更有利于采取针对性措施，促进整体经济的发展；进一步地，人们的需要、人类的福利又是多层次、综合性的，不只是物质财富的增进，而市场经济的发展所导致的一些结果如贫富两极分化却损害了人类包括平等在内的总体福利目标，因此，也应看作市场的一种失灵。

第三，从理论上规范的市场谈起。规范的市场包括市场运行、运行结果、作用范围方面的规范，切忌把理论上所讲的市场本身的特征与市场现状的庞杂景象相混同。

第四，市场失灵又指市场功能发挥的情况。市场是资源配置的调节器，自动地在不同部门、不同生产者之间分配各种资源是其主要功能，完不成或不能很好地完成这个任务就是市场失灵。

第五，市场失灵是遵循其管理规则前提下的失灵。

判断市场失灵与否的五个方面的标准互不矛盾、互相联系，共同圈定了市场失灵的领地。由此，市场失灵是指市场在遵循其管理规则的前提下，对社会及社会整体经济所发生作用的低效、负效或无效。这一部分的提出是区分规则失灵和市场失灵的前提。

2. 规则失灵和市场失灵的现象"定位"

规则失灵的现象可分为三类：一是由于规则空位而引起的失灵，如一些法律的不到位；二是由于规则的不完善而引起的失灵，如有的规章制度空泛而漏洞百出；三是由于市场主体素质低下而引起的失灵，如经济交往中的坑蒙拐骗现象。市场失灵包括以下三个方面：

首先，市场信息不完全造成的市场失灵。如劣质高价赚钱、优质低价却亏本的现象，这是市场作用程度上的限制，属于低效式失灵。市场不仅指交易的场所及各种交换关系，而且包括重要的信息因素。信息是市场经济的大动脉，它使市场得以运转，它流动、传播的速度及覆盖面直接影响着市场主体的行为效率。但是，由于人的有限理性及事物的不确定性，市场主体收集、处理信息的能力总是有限的，即微观主体总是在不完全信息条件下行动的，市场信息与市场主体所能掌握的信息之间总是存在一定的差距，并且市场关系越发达，市场信息量越大，这个问题越突出。同时，信息成本如寻找、等待信息的费用、广告费用等也会增加，造成"待价而沽"、资源闲置，价格供求弹性降低，调整力度减弱，使市场调节供求变量，保证均衡实现的功能受到削弱，甚至消失。

其次，市场作用的消极后果。如经济总量及经济结构的失衡、收入上的两极分化、外部不经济、垄断等，这是市场作用效果的缺陷，属于市场的负效式失灵。市场的运行在于微观主体根据市场信号，不断地采取、变换自己的行为是以自身利益为中心的，即利益是其行动的出发点、推动力和归宿；各个生产者在竞争中要击败对手以获取最大利益而不是要实现均衡，增加别人的收入，给他人带来益处，与对手平起平坐；相反，市场竞争正是建立在各个生产者之间生产率差别的基础上，各个市场主体为了加强自己的力量，会想方设法削弱对方，促使自己不断取得优势地位。市场主体的活动会产生溢出效应或外部影响，但生产者不能获取外部正效应的全部收益，因而他必然会尽可能少地从事这类经济活动。同理，生产者很难承担其活动所引发的外部负效应的全部成本，他势必会过度地从事这类活动，这种付出与受益之间的不对称又反过来加剧了外部影响，至于总量及结构的平衡问题，分散的市场主体不想解决，也解决不了，可见，市场在资源配置方面并不总是有效率的，市场经济在促进经济发展的同时，也造成了诸多不良影响。我们虽然可以用收费的办法限制污染，也可以制定反垄断法防止垄断，通过转移支付缩小收入差距，但这些措施却都是对市场作用或前期市场作用的一种反应，归根结底，还是市场作用对保障外部整体经济顺利运行的失灵。这里，还需要注意的是，不能因为完全竞争在现代经济生活中已不多见，且日益过渡为竞争性垄断，并成为市场的主要形态，就把垄断归类为规则失灵；理论研究恰恰是应该把理论上的认识和混乱的实际分开，这样，才能揭示事物的本质。再者，竞争立法只能抑制不正当竞争，而问题垄断来自正当的竞争，在正当竞争中，有些人不断取胜，规模日益扩大，市场占有率逐渐提高，经过一定时期，就会导致对某种产品产量及价格的操纵；相反，有些人若屡遭失败，生产经营日益萎缩，最后就会被挤出市场，这正是市场的"优胜劣汰"法则。当然，严格地讲，"市场失灵"一词是不准确、不科学的，"失灵"意味着失去作用，没有发挥功能，只要显示了作用就不能算失灵，上面所举劣质高价、垄断等情况都是市场作用的结果，因此，虽然其作用是低效、负效的，也不能算作失灵，对于这种结果如何治理，则是另一个层次的问题，所以，叫做市场缺陷或局限更合理，本书沿用"市场失灵"这个传统的、普遍的说法，实质上是指缺陷或局限。

最后，市场机制作用不到的领域。如公共品的供给，这是市场作用范围的局限，属于市场的无效式失灵。市场主体以本位利益为中心，不会涉足投资多、回收慢、盈利小，甚至负盈利的行业和领域，市场在这里不能自动地实现资源配置。

3. 市场失灵与规则失灵的区别

通过前面两部分的论述，我们可以进一步归纳总结出两种失灵的若干区别。

第一，含义不同。前文已给出，这里不再重复。

第二，前提条件及表现不同。市场失灵的判断标准及表现相对复杂；而规则失灵则相对简单，只是就规则的缺位或不完善而言的。

第三，相互依赖程度不同。市场失灵相对独立于规则失灵，即不论有无规则失灵，都会有市场失灵，当然，市场失灵的程度会受影响，而管理市场的规则失灵则依赖于市场及其失灵，是针对市场而言的。

第四，性质不同。市场失灵具有自发性、客观必然性，而规则乃人为制定的，所以，规则失灵带有主观性。

第五，可解决程度不同。这一点直接源于第四点。市场失灵不能由市场本身去克服，它只能被理解、被利用，这一点类似"商品拜物教"，而规则失灵不但能被理解，而且可以被校正，通过对规则的修订、完善来弥补市场不足。

本书通过两种失灵的比较，可以加深对市场的了解，指导政府对市场的分类管理。

（二）新型市场失灵问题的提出——传统失灵理论及其局限性

与我们这里要探讨的问题最相关的传统失灵理论主要是传统垄断理论，传统垄断指的是控制有形的价格、产量等要素，它造成了经济效率损失和社会福利损失，如产量受到限制、成本和价格上升、技术进步受阻、收入分配不均而使财富向垄断者集中、就业水平降低、就业中种族歧视加强、资源利用失当、生产效率低下等，这些在竞争性市场中被认为不会出现。可是，在现实中，这些问题不仅存在于垄断性市场，而且也存在于竞争性市场，与市场结构无关，这样的事例俯拾皆是，如装修材料致人重病、太阳能着火、旅游强制购物，等等。这样的市场状况要求消费者都成为全能专家、"有形之手"时时处处都能捏住妄动者，而这是不可能的。

可见，传统的市场失灵理论有其局限性，可概括为：一是忽视非垄断市场中的消费者利益受损等现象；二是更没有就非垄断市场中的消费者利益受损等问题进行危害分析、成因探究和对策制定；三是垄断类别中缺乏信息视角。垄断包括很多种形式，如资源垄断、技术垄断、自然垄断和权力垄断等，但没有信息垄断的说法。这些局限性中最根本的是，它解释不了买方市场、竞争性市场等市场类型中的买方利益受损问题。

二 新型市场失灵的形成及其解释力

新型市场失灵是一种信息垄断，即生产经营者对其商品或服务的信息进行操纵和控制，以谋求不当利益。它形成于货币与商品信息含量的差异，它能够很好地解释买方市场、竞争性市场等市场类型中的买方利益受损问题。

货币与商品信息含量的差异在于：

第一，信息含量不同。商品包含的信息多如牛毛，包括商品的产地、材料和耐用性，等等；而货币包含的信息很少，主要有货币数量和真伪。

第二，信息均匀度不同。商品中的材料等信息不一定具有均质性，同一箱子里面的服装，有的是棉的，有的是化纤的；而货币信息则具有均质性，这一元和那一元没有区别，除非是假币，但即使这样，检验起来也非常容易，后面还会提及。

第三，信息稳定性不同。商品信息不仅复杂，而且易变，掌握起来更加困难，如汽车的安全系数问题，厂商为了节省成本，可能牺牲安全设置；而货币的数量等信息是稳定的，是多少就是多少。

第四，信息可检验度不同。商品信息专业性强，难以检验，复杂的信息不容易标准化和规范化，编码和抽象也比较困难，扩散也受到阻滞；而货币的相对简单的信息容易标准化和规范化，编码和抽象也就比较容易，扩散顺畅，货币信息到银行即可轻易查验。

第五，信息公开度不同。商品信息大都是商品所有者和经营者的私有信息，对买方来说，属于灰色或黑色信息，虽然购买者也可以去学习公开的知识，但相关知识浩如烟海，根本就学不过来，如商品材料有千万种，要做出正确无误的鉴定十分困难。同时，货币的数量容易确定，真伪也容易检验，所以货币信息基本上是交易双方的共同信息，可以说属于完全透明的白色信息。商品属于特殊物品，而货币是一般等价物，越是特殊的东西，其信息越多，越是隐秘；越是普遍的事物，其信息相对越是透明。

商品与货币的这种信息对比为机会主义提供了土壤，商品经营者拥有更大的活动空间，可以围绕自己的利益随机应变，而购买者却茫然无知或知道也无能为力，但是，难道有关的社会管理机构也不能够有所作为吗？社会管理机构肯定能够有所作为，它们的作用不容忽视，实际上也正在发挥着巨大的功能。不过，也正是由于货币与商品的信息不对称这个原因，在它们的监控下，商品也是有机可乘的，所以货币与商品的交换时常会战败而归，而且吃了亏，还难以得到索赔，举证是最难的。货币和商品的交换，就等于是双方信息的较力，共同信息肯定敌不过私有信息。

当前，世界经济呈现全球化和信息网络化，前者主要属于制度范畴，后者主要属于技术层面，两者密不可分。信息网络化是经济全球化建立的基础，经济全球化推动信息网络化，电子商务是世界经济全球化运作的必然选择。电子商务下的多媒体商品经营信息更是丰富复杂，瞬息万变，其储存、利用和控制变得异常困难，在这种背景下，商品信息的检索和交易安全更加艰难，它在为各种经济主体提供方便的同时，也使它们面临更大的风险，商业欺诈更容易隐身和不容易侦破，现在虽然有指纹技术、语言技术和虹膜识别技术等技术手段，但这些技术不是人人都可以掌握和利用的，所以购买者的环境凶险变幻莫测。

货币信息弱势理论是对西方经济学中盛行的"消费者主权"的否定，"消费者主权"的观点出自美国著名经济学家、诺贝尔奖获得者弗里德曼，在这种观点的指引下顾客被称作上帝，现在早已成为一种流行的商业文化，相对于计划经济时代顾客凭票购买短缺商品而言，顾客的需求在一定程度上引导着市场的方向，但自从货币产生以后，商品供给者就不再是为商品本身而进行交易，他追求的是货币，商品对他来说只是获取货币的手段。

在理解货币和商品信息的差异问题上，还需要强调以下三点：

第一，货币的弱势地位与货币威力的不断提升并行不悖。货币是一般等价物，是财富的代表，按理说它应该是社会的强者，怎么会处于弱势地位呢？

从纵向历史看，货币的产生和发展历经实物货币、私人货币、国家货币和国际货币的漫长复杂过程，伴随着货币的成长，其威力也不断扩大，它的作用范围和影响力日益增强。实物货币主要是指通行于金银作货币材料的真正货币形成之前，作为货币，其价值与其作为普通商品的价值相等。它经历了简单价值形式、扩大的价值形式和一般的价值形式，商品交换最初起源于原始社会末期简单的、偶然的物物交换，随着社会分工和生产力的发展，偶然的、简单的物物交换发展为扩大的物物交换，即交换的时空范围扩大了，扩大的物物交换进而演化为一般的物物交换，即这时的物物交换有了一般等价物，但是并不固定，最终到以货币为媒介的交换。交换的地域范围也从氏族部落之间、村落之间、地方之间、全国范围内扩展到国家之间。每一步都有其历史局限性和历史进步性，一步步地促进了商品生产和商品交换，货币本身的地位也随之提高，但是，实物货币只能在特定的时空中得到认可。

私人货币是个人或者机构铸造和发放货币，这时还没有形成国家对发行货币权力的垄断，货币的铸造商在铸币的材料、技术和信用等方面开展竞争，就像经营普通的商品一样，谁的产品好，谁的生意就好，这时的货币显然没有统一的权威。国家货币阶段，是国家凭借自己的强力而强制推行的一种货币，往往是纸币，政府成为货币的垄断发行者，货币政策是国家权力的一部分，这时在一国范围内货币实现了统一。货币国际化是货币国家化的进一步发展，是对货币权力的争夺，全球货币竞争实际上是一个扩大了的私人货币之间的相互竞争，一个国家内部私人发钞行之间的竞争变成了主权国家货币权力之间的竞争。由于不存在一个超越于国家的更高的权力主体，货币在国际上的竞争比在国家内部更为激烈，竞争的结果很难形成一种世界货币，而经常是形成若干种货币，它们继续不断争夺其货币流通领域。拥有国际货币地位能为货币发行国带来现实的铸币税、金融服务收入、长期影响别国的经济发展并维护一个服务于本国利益的国际金融体系。

但是，货币在与商品交易过程中的弱势地位将与它的前进步伐如影随形，它是摆脱不了的，货币在一个村落通行，它的弱势就在这个村落展现，在一个国家流行，它的弱势就在这个国家表现，它的舞台到了国际上也不会例外，之所以会这样，说到底是它与商品之间的信息差异无法改变。

第二，货币的弱势地位与市场结构无关。在垄断性质的市场中，购买者因为没有或缺乏商品的选择余地，不得不受垄断者的盘剥，但在竞争性的市场中，购买者则如鱼得水，可以在不同的销售者之间货比三家，为什么还会落入弱势者的行列呢？

依据生产经营者竞争程度的不同，市场被划分为完全竞争市场、垄断竞争市场、寡头垄断市场和完全垄断市场。在非竞争性的诸市场中，购买者处于交易劣势，但即使在完全竞争的市场格局下，购买者仍然会处于不利地位，关键在于，在这种市场里，无论购买者有怎样宽阔的自由选择空间，交易最终也要落实到买卖双方的具体关系中，仍然逃不脱货币和商品的信息差异，买方最终还是处于信息弱势的境地，"货币选票"这时也就失去了效力。

第三，货币的弱势地位与社会制度和技术的改进也不矛盾。社会各项管理制度的不断完善会使生产经营者的机会主义行为越来越难以得逞，科学技术的发明创造和知识的易得性也给投机取巧者以严重的打击，人们的法律维权意识明显提高，这样，货币的弱势地位会不会消失呢？

答案是只会改善，不会消失。道高一尺，魔高一丈，商家作为他所经营商品的专家，掌握的信息永远多于购买者即货币所有者所能够知道的。

有一种营销理论认为，客户经济时代正在来临，随着网络媒体的日益大众化，顾客开始掌握越来越大的主动权，"卖家精"必然向"买家精"转变，企业必须越来越关注和研究消费者行为，除非想在纷繁多变的营销环境中失手。还认为传统营销以企业和产品为导向，消费者居于被动地位，现代营销是消费者满足和实现自身利益的过程，顾客价值第一，消费者可接受的价格是生产者制定价格的决定因素，企业应首先了解消费者愿意支付多少成本，而不是以"售价＝成本＋利润"的公式给产品定价。其实，商家永远是为了利润，无论是开发新产品还是降低成本，也无论是满足消费者还是取悦消费者，这一点是不会变的，否则它就失去了自身存在的意义，也正是基于这样的认识，我们说，在一个缺少顾客而不是缺少产品的社会中，"以顾客为中心"也许会被看得更加重要，但千万别指望商家真的会或百分百会替顾客考虑，会自动出示对自己不利的信息，如火腿肠的材料是过期的。

三　新型市场失灵与传统市场失灵的异同

（一）含义上

传统市场失灵是指市场本身的发展造成了自身不能够解决的社会性问题，是指市场机制这只"看不见的手"无法实现资源最佳配置、效率最高，主要是产生了几个市场主体或某一个市场主体对产品的操纵控制、公共产品供给不足即当商品或服务的边际社会收益超过边际社会成本时市场无法或不愿意提供该类产品或服务、分配两极分化和生产经营中的噪声、废弃物等对环境的污染，这些问题对市场主体本身没有什么直接的影响。

新型市场失灵是指市场交易过程中必然存在的货币与其交易品相比较的信息弱势地位，这种信息地位的差异使货币所有者经常得不到商品生产经营者的诚信交易，直接影响的是市场主体本身的利益分配；传统市场失灵也提到信息不对称的问题，但是，没有提出并分析货币信息弱势问题，也没有看到信息不对称问题的特殊性并把它独立出来，把信息不对称问题独立出来进行研究是有其特殊意义的，后文将对新型市场失灵与传统市场失灵的异同进行分析。

（二）背景上

传统市场失灵既可以发生在有名市场中，也可以发生在无名市场中，有名市场即小范围的、人们彼此熟识的市场，目前我国乡村的很多生产经营活动都造成了垄断、污染等问题，而乡村市场可算是一种有名市场。新型市场失灵一般发生在匿名市场中，因为匿名市场规模宏大，交易主体彼此陌生，来无影去无踪，脱离了地缘、血缘等知名性关系，彼此进行欺骗时剔除了情感障碍和无颜回归的顾虑；若在有名市场上，人们主观上很难超越情感因素，为回归血缘和地缘的功利计，他也会把金钱看作小利，而不去利用自己的私有信息进行欺骗。当然，市场交易实践中确实存在"欺熟"的现象，那欺骗者就要付出牺牲声誉的代价，进一步地，现代人的独立性增强，其交往都是个体间的，他们之间的纠纷难以为外人道，这就使声誉机制受到阻碍，所以说，新型市场失灵一般地发生在匿名市场中，当然也不是绝对的。

（三）形成机制上

传统市场失灵和新型市场失灵的形成机制，一个是市场自发运行的客观结果，另一个是优势信息的市场主体的主观故意。传统市场失灵是市场正常运行的客观结果，虽然是商品的生产经营者直接造成的，但只要在法律法规允许的范围之内，其经营行为就是合其身份的，至于各种后果，他是无奈的，垄断是生产经营者在一定的市场环境下主观努力的结果，作为市场主体，他追求实力强大是理所应当的，外部性问题也符合他追求市场效率即低成本高收益的身份。公共物品的提供不是微观市场主体的责任，市场主体追求投资少、见效快，而公共物品投资大、见效慢，不便于收费排他消费，市场主体自然不愿介入。新型市场失灵形成于主观故意，处于信息优势地位的生产经营者往往有意隐瞒和混淆真实的商品信息，使购买者处于无知状态，他既想不到去了解哪些方面的情况，也无力去做高成本的调查研究而最终难辨真伪、上当受骗。

（四）现实危害上

传统市场失灵危害的是有形事物，而有形矛盾相对地容易善后处理；新型市场失灵更多地危害人们之间的相互信任，是对市场文化的创伤，信任的缺失使人们在交易关系上会畏惧不前，这种充斥欺瞒的市场文化会在很大程度上阻碍市场经济发展。但纵观市场经济发展的历史，人们没有因为市场中陷阱重重而停止不前，这当然不是人们对于商业欺诈的无所畏惧，而是人类的聪明才智在不断地创新市场治理手段，新型市场失灵出现后，与其如影随形的就是它的克星——信息剩余论及其制度设计。

市场文化是附着在市场交易过程中的、与市场经济运行相适应的观念体系和行为方式。从市场的起源看，市场交易是为了取人之长，补己之短，市场关系是互惠互利的，因此，市场文化的精髓应该是诚信。只有真实守诺，才能实现市场交易功能，产品的包装精美乃至良好的服务态度虽然也属于市场文化，但它们是外在的，算不上市场文化的灵魂。在卖方市场条件下，卖方之间竞争的是货币，即都想多卖掉一些商品，买方之间竞争的是商品数量；在买方市场条件下，卖方之间竞争的是服务，都想吸引买方，买方之间竞争的是商品质量，都想买到好的商品；在熟人市场中，竞争的是关系；在匿名市场中，竞争的是诚信，人人皆欺、唯我为诚，不能取胜就是怪事了。

　　市场文化的演变也是对市场诚信文化需求的一种诠释。从销售者和顾客的空间关系看，市场可以划分为摊床市场、柜台市场和自选市场。摊床市场指的是没有固定场所、随时更换位置的小型市场，诸如肩挑、手提和小商、小贩等，商品可以和顾客直接见面；柜台市场是指诸如百货公司、专业商店、批发市场一类的集中购物的中心；柜台就像是一堵墙把卖者和买者隔离开来，在柜台内外，买卖双方相向而立，从体位上就造成了一种对立感；自选市场是一种规模巨大、商品丰富而又可以自我服务、自由选择的现代化市场，顾客和销售者之间既不是面对面，也不是柜台阻隔，而是空间上的相互脱离。相应地，从市场文化的历史嬗变看，就可把市场文化分为摊床市场文化、柜台市场文化和自选市场文化①，摊床市场文化包括买卖双方近距离接触所带来的良好服务态度、小规模的产品多样化和叫卖成套的口诀等；柜台市场规模大，装潢精美，但它造成买卖双方由空间到精神的隔离、顾客对卖方的商品挑选依赖以及由此而产生的不自主、无自由感和买卖双方地位的不平等观念；自选市场是对摊床市场和柜台市场的否定之否定，它摒弃了它们的规模狭小和买卖双方空间对立等缺陷，弘扬了它们的买卖双方亲近和谐及规模宏大等优点，发展出了消费者自由，经营者撤退到了旁边，而其中蕴含的对消费者的信任以及消费者对自选市场商品的信任更是它的突出特征；网络市场通过计算机技术、网络技术和信息通信技术把消费者和经营者在空间上完全隔离开

---

① 王慎之：《市场文化论》，《学习与探索》1995 年第 5 期。

来，买卖双方不仅拆除了柜台，而且超越国界，它在带来便捷的同时，也带来了交易诚信的空前挑战，在前面的三个阶段或三种形式中，消费者还能够看到真实的商品，而在网络市场中消费者只能看到虚拟的商品，这种虚拟商品比起真实商品多了一层风险，如何实现诚信就变得更加重要。

市场文化本身并不是必然伴随商业欺诈和经济犯罪，只是市场经济的货币财富目标容易使交易者，尤其是信息优势一方采取机会主义策略。市场文化作为产生于市场的观念体系和行为方式，其正能量包括竞争观念、经济效益观念、时间观念、诚信观念和质量观念等，但是，由于中国的对外开放会给国内市场经济的发展带来影响，而且由于我国特殊的社会转型期的缘故，市场文化与传统文化的冲突比较严重，市场文化本身的负效应容易滋生经济犯罪，市场文化建设中的不良倾向也会诱发诚信危机[①]，国外错误思潮的影响如后现代主义和实用主义等也产生了一些负面的影响。我国在改革开放之前的相当长的历史时期，由于特定的时代特点，中国与美国和苏联等国家之间在意识形态上明显对立、互相指责，我国的改革开放高瞻远瞩、远见卓识，决定把意识形态差异缓和处理，从发展国际经济交流切入来打破这种僵局开始，中国获得重大发展的历史事实充分证明了这种决策的正确，但是，同时在国内倡导"物质文明和精神文明一起抓、两手都要抓、两手都要硬"时遇到了较大的障碍，国外的市场意识形态不可避免地，甚至扭曲地传到国内，在这种大背景下，"手段不重要、金钱就是一切"甚嚣尘上。市场文化与传统文化之间比较严重的差异及其误解扭曲表现在：传统文化重义轻利，人和人之间互相帮助、助人为乐、不计报酬；而市场文化恰恰重利轻义，亲兄弟也要明算账，并被扭曲为斤斤计较、拜金主义和不择手段。传统文化注重集体利益，提倡个人利益服从民族和国家利益，在民族和国家需要的时候，个人应无私地奉献自己的一切乃至生命，这就是通常所讲的无私奉献观；而市场文化却重视个体利益，是一种等价交换的自私自利，并被扭曲

---

① 李锡海：《论市场文化与经济犯罪》，《法学论坛》2006年第3期。

为私欲膨胀；传统文化是计划经济的命令式文化；而市场文化却要求自主公开，并被扭曲为我行我素、丧失大局观念；传统文化讲友谊第一，比赛第二；而市场文化却讲激烈竞争，并被扭曲为过度竞争，导致参与市场竞争的任何一家企业的期望利润都小于零，使正常的市场竞争成为没有赢家的无序状态；传统文化官本位思想严重；而市场文化强调人人平等。在我国转型期，受文化惯性和市场经济不成熟等的影响，传统文化并没有完全消失，也没有正确地融合到市场新文化中。

市场文化的负效应是指市场主体在顺应市场规律的同时对市场观念形而上学的机械理解和对优秀传统文化的忽视，如追求利益忽视情义、追求竞争忽视规则、追求开放忽视风险、追求自主忽视尊重和追求效率忽视质量等。市场文化建设中的不良倾向主要是权力对市场的横加干预，使政治权力进入市场并成为健康市场文化的高效能腐蚀剂；在建设中，强调经济效益，漠视高尚思想精神的塑造等。国外错误思潮的影响主要是指后现代主义和实用主义等，后现代主义出现于20世纪二三十年代，70年代以来被经常使用，它与现代性的统一和标准范式正好相反，主张差异和多元化，反对继承固有或者既定的理念，认为对于一个给定的文本、表征和符号可以有无限多层面的解释可能性，它设定了相对主义和怀疑主义，不是不讲道德，而是反对统一道德，不是否认真理和价值，而是反对真理和价值的唯一性，把个人的经验、背景和偏好等属性放在优先地位，使人们的思想不再拘泥于社会理想、人生意义、国家前途和传统道德等，这样的后现代主义使人的思想得到彻底的解放，也使人对于自我有了更深刻的了解，是人类历史上一次伟大的革新，对人类认识世界和自我有着积极的意义。但是，后现代主义的无中心意识和多元价值取向，带来的一个直接后果就是价值标准的模糊和行为失范。实用主义重视行动和效果，不尚空谈、进取实干，认为世上没有真理，理论只不过是人们适应环境来达到目的的工具，这样的主张同样会带来价值的混乱和市场诚信文化的消解。以上论述说明健康的市场文化还需要艰苦的努力，需要靠制度来养成，信息剩余理论及其制度设计就是支撑市场诚信文化养成的一种理论制度创新。

（五）治理途径

传统市场失灵如垄断等是宏观性质的，即其影响超过了买卖双方，因此也要依靠宏观法规如拆分规定等反垄断法来解决。新型市场失灵是微观性质的，即其直接影响发生在买卖双方，因此运用宏观性法规则不会见效，它在制度约束的框架内可以依据其信息优势进行机会主义变通，所以治理新型市场失灵要另辟蹊径，这就是后面的信息剩余论及其制度设计，它依靠的是交易主体之间的自治理，再具体一点讲，依靠的是信息优势者在一定制度下对自己优势信息的自我消化。当然，这种微观方法也绝不是否定宏观法规的治理作用，即使在这种微观治理的情境中，宏观途径也是微观方法产生效用的约束性背景，在政府和市场关系上，政府永远处于主导地位，这一点无论对市场在配置资源中的基础性地位还是决定性地位都是一样的。

在市场和政府的关系中，政府是主动的、在先的、主导的，是政府在利用市场，而不是市场要利用政府，甚至撇开政府，两者并不是平起平坐的地位，政府考虑的是国家宏观的总体利益和长远利益，市场想的是微观个体利益，宏观是要领导微观的，无论是资本主义国家还是社会主义国家，在当前时代背景下，它们并不会因为国家和政党意识形态的重大差别而永远成为朋友或敌人，它们都是国家利益至上，但在一个国家内部，却有着在分配、社会各阶层地位、社会运行体制和社会运行方式等方面的明显不同。资本主义国家在任何时候总体上遵循的都是资本的利益，而社会主义国家按照社会主义原则遵循的都是劳动者的利益。我国改革开放以来，社会上出现重视资本、轻视劳动，资本的社会地位高过劳动者的社会地位的现象，这是中国特色社会主义市场经济引进私人资本发展社会经济所必然的负面效应，但是，这对社会进步又是有害的，应该引起高度警惕，在制度设计和政策方针的制定上应该随时注意提高劳动者的收益比重，不断防止和解决两极分化问题。围绕着政府和市场的关系，西方经济学界也看到了市场机制的局限性，如外部性问题、公共产品供给不足问题、分配不公平问题、信息不完全问题、垄断阻碍竞争而损害消费者问题和经济危机问题，等等，他们以此给出了政府干预的必要性，政府应该采用财政政策和货币政策等工具进行宏观调控，以保持经济的总体平衡和资本主义制度的稳定繁荣。其实，这样的思路即使是强调了政府的重要作用，也还是没有科学认识到政府和市场的正确的客观的关系定位，不是市场出了问题才要政府帮忙，政府听命于市场，而是政府发展和扶持市场。从历史上看，政府所存续的时间比市场要早得多，资本主义本身的产生也是借助了政府的强力推动、保护和支持，马克思说，资本主义从其诞生，从其来到世间，每个毛孔都滴着血和肮脏的东西，它建立在对劳动者血腥抢劫的原始积累基础之上，强制地把劳动者束缚在其血汗工厂中，每有工人逃脱后被抓回工厂，得到的将是惨烈的脸上刺字和割耳等暴行，随着资本主义生产力的发展，工人逐渐丧失其完整独立的制作技能，逃出工厂后也不再能够制造完整的产品，从成本上也竞争不过资本廉价的大工业产品后，资本主义才以其饥饿的皮鞭代替了它那有形的皮鞭，把工人牢牢地拴在了它的机器上，随后为了资本的利润，不断改变剥削的形式，政府更是成为资本的帮凶，随时关照着资本的利益。2008年国际金融危机爆发后，政府在税收和补贴等方面大力扶持资本，而大量的失业工人只能得到勉强生活的水平，这样，政府和市场的关系中谁是主导便洞若观火。资产阶级新自由主义经济学家在政府和市场的关系问题上走得更远，他们认为，外部性等市场失灵问题的解决根本用不着政府的干预，政府的干预会使失灵问题更加严重，甚至增加新的问题，使没有失灵的领域也可能因此而失灵。垄断等问题是市场本身作用发挥不够所导致的，通过市场的进一步发展必然能够得到克服，如外部性问题可以通过明晰产权关系而内部化，谁造成的问题由谁承担，根本用不着政府进行高税收等手段的干预。垄断问题也不一定导致资源配置的低效率，只要资本没有操作控制的垄断行为、哪怕只剩下一家在经营，也就可以肯定它的运行的正常性。公共产品也可以由私人来高效率地提供给消费者。分配不公的问题可以通过二次分配和三次分配得到解决。信息不完全的问题也可以通过进一步的市场制度的设计来得到克服，以上新自由主义的理论无视世界社会经济中如中国政府调控取得重大成就的生动实践，也是对市场机制客观局限性的视而不见，市场机制在提高市场主体经济活动的积极性、主动性等方面确实表现良好，但在资源的宏观整体配置、公平分配和社会进步方面确实有其本身内在的局限性。当然政府干预也不是万能的，它存在滞后性和"寻租"等严重问题，但政府在资源的宏观整体配置、公平分配和社会进步等方面确实责无旁贷而又成绩斐然。总之，政府和市场要各自找准自己的位置，形成合力，才能促进社会资源的高效利用和绝大多数人得到经济社会发展实惠的社会进步。① 需要注意的是，我们不能仅仅得出政府和市场协同互补、辩证统一的结论，而是更要看到政府对市场的高站位，看到政府对市场的指导和导向作用，政府和市场并不是平起平坐的关系，没有宏观的良好环境，就不可能有市场经济的有序运行；没有国家利益，就没有个体利益；社会经济的任何状况都是客观规律和人们主观运用的结果，一旦基于国家强大和社会进步的合理的宏观政策制定之后，在微观领域就要充分放权，发挥市场机制的最大力量即市场的决定性作用，但这不等于再也不要政府干预，而是对政府干预提出了更高的要求，在市场决定性作用的经济微观机制确定的条件下，政府干预更要站得高看得远。

第三节 市场治理的目标

人类最后来到地球，但他却最早使用大脑来融入大自然，对市场治理目标的确认从哲学的高度看是市场活动主体的必然之问，人的生命是以"生活"的方式存在的，这与其他生命简单被动的存在有着根本性区别，人能够对其生命进行有意识的把握和创造，他喜欢审视自己的生活质量，叩问、追寻和创造生活的意义。马克思指出，动物是和它的生活活动直接同一的，它没有自己和自己生活活动之间的区

---

① 杨静：《新自由主义"市场失灵"理论的双重悖论及其批判》，《马克思主义研究》2015年第8期。

别，它就是这种生活活动，人则把自己的生活活动本身变成自己的意志和意识的对象，他的生活活动是有意识的。既然人的生命存在方式是一种有意识的"生活"，就有一个为什么活、如何活和活得怎样的问题，在这种审视和追问中人类活动不断提升自身的生存质量。

一 市场治理的核心目标是诚信交易

市场治理的核心目标是实现诚信交易。诚信交易意味着交易双方主动自觉地相互展示货币和商品的真实属性，也许有人认为，信息差异是市场交易存在的前提条件，我们说成本和价格等可以秘而不宣，但货币和商品品质的真实性是绝对不能隐瞒的，这是交易发生的基础。

这种表述不同于笼统的市场秩序目标，两者之间的联系在于诚信交易的实现能够促成良好的市场秩序，但有序交易下的交易却不一定都是诚信交易。换句话讲，即非诚信交易也可能形成一定的市场秩序，食品和装饰材料等商品的有害因素可能没有被发现，或发现后难以取证，这样的市场因素都可能导致非诚信的市场交易处于有序状态。把市场治理最核心的目标界定为诚信交易也不同于实现统治者利益或整个国家社会利益的宏大目标，诚信交易的目标是着眼于市场交易这样的具体目标。

二 市场治理的诚信目标不同于伦理学、金融学和法学意义的诚信

诚信交易是内在的、更深层次的东西，而有序是外在的、表面的景象，法律和行政也可以维持它。伦理学家万俊人把伦理分为相互联系的规范伦理、美德伦理和信仰伦理三个层次，规范伦理的目标是实现社会规范有序，其中不排除甚至追求道德自律，但它的根本目标还是维系人类社会生活秩序，从个体至家庭伦理秩序、邻里和社区或社群交往规范，自下从社会公共生活领域，向上达国家政治之上层建筑和意识形态，发挥着价值引领和行为规范作用，虽然与法律相比，它是内在的，与宗教相比，它是普遍的，然而终归是要实现外在的合序运行，有序市场相当于此。相应地，美德伦理追求的是德行的卓越成就和德行的完善，它超越了人类的平凡道德和公共底线伦理，不仅表

现美德者的卓越，同时也反映社会国家所能达到的文明高度，诚信交易可比于此。进一步地看，诚信交易若出于内心深处对于诚信的信仰，则是遵循最高处的信仰伦理，无论对民族、国家和社会还是对人类个体，它都具有终极目的性，是国之心力和人之精神品格的内在源泉，这是市场诚信的依据之一。

以上万俊人的所有层次伦理，包括形成伦理精神的理想信念、形成伦理秩序的行为规范、造就人格完善的个人美德都是内在的，都是基于道德主体内心认可的，没有一个人因为持一种卑贱的价值观而能成就一番高尚的事业，价值取向以原则为导向、以行为为基础，并不计较利益得失，而这里所讲的市场诚信交易，即货真价实，它需要在经济人假设基础上进行一系列的制度设计，如退货制度等，这种系列制度可以保证交易者的诚信，但又不同于法律行政管制的外在性和被动性，它是自觉的、主动的，这是与伦理学家的根本区别。本书的诚信与传统经济学意义上的诚信不太一样，经济学意义的诚信注重履约能力和实力，也就是在金融上能否偿还；本书的诚信也不同于法律意义上的真实，法律所讲的事实只是证据意义的，没有证据就没有事实，即使客观存在事实，法律也是不予认可的；相反，如果真实的事实不是证据所显示的事实，法律所支持的也只能是证据所显示的事实，有的时候，客观事实也可能和法律事实相一致。我们要追求的是那种客观真实。当然，四者之间并不矛盾，它们还可以互相支撑，如果市场主体具有伦理意义上的诚信即诚信发自其内心的价值取向，如果市场主体具有传统经济学的金融实力，那么这里新经济学意义上的诚信就是上有源头、下有承载，会变得万无一失，在这种情况下，即使法律事实也会失去效力。

本书的诚信特指基于自身利益的、受制于规则的真实履约，但是，为什么要坚持这种新的经济学意义上的诚信概念呢？

第一，价值诚信高尚但不适用。人虽然是个体性存在和社会性存在的统一，没有个人就没有社会，没有社会个体也就无法生存。马克思主义认为，人的存在具有二重性，人是"个人的存在"，"同时又是社会的存在物"，人把这两个方面集于一身，是两者的辩证统一，马克思和恩格斯还指出："任何人类历史的第一个前提无疑是有生命的个人的存在。因此，第一个需要确定的具体事实就是这些个人的肉体组织，以及受肉体组织制约的他们与自然界的关系。"[①] 但是，在市场经济环境下，个体性存在的倾向超过了其社会性存在倾向，因为市场经济比任何一种经济模式都更加尊重个体价值，一个人作为一个独立的有机体，他首先就有自然性需要如饥食渴饮，同时作为社会性存在，他要满足自己的社会性需要如亲情友谊，无论自然性需要还是社会性需要，都是他的个体性需要，而他同样离不开的社会整体性利益，这是他的自然性生存和社会性生存的一种背景，个体需要的顺序是个体的自然性需要、社会性需要和社会整体性需要，况且市场交易本身就是一种微观关系即个体之间的社会关系，所以，市场主体具有强烈的个体利益动机；研究者的动机不等于美好愿望实现的能力，市场交易主体的人格假设是经济人和机会主义倾向人，人类进化到今天，仍然没有摆脱动物的特性，自然意义上的动物性自不待言，从它过于自私和视金钱为其图腾而言，它就仍然是停留在动物的层次上，当然，货币经济也是人类社会的一种发明，从这一点来讲，它又是社会性的，但总而言之，动物性程度更高，在生命的擂台上，他只是拥有更高的技术工具而已，而价值诚信主体暗含康德主义至善的人格假设，从根本上两者是对立的，所以，注定起于良好的愿望、收于实力的无可奈何；价值诚信只看到了动机而忽视能力，很多现实的违约并不是主观故意，恰恰相反，违约主体主观上具有内心虔诚的履约意向，只是因为缺乏履约实力，才导致的违约行为，这是单纯价值诚信的局限性。

第二，传统经济学意义上的诚信只看能力，不看规则是否支持。能力不等于行为，诚信能力只是诚信行为的上游的实现条件之一，在更上游的地方还有一个自动的问题，却是传统经济学诚信所遗漏的，在市场交易实践中所发生的债务纠纷，并不是所有当事人都缺乏金融实力，而是有意回避其履约义务，这都是因为缺乏一种履约机制，没

[①] 《马克思恩格斯选集》第 1 卷，人民出版社 2012 年版，第 24 页。

能实现对他的有效约束。

第三，新经济学意义上的约束诚信可以扬长避短。新经济学意义上的约束诚信更加注重现实，它把行为上的自动和诚信能力结合起来，既采用了价值诚信的自动性，回避了它忽视诚信能力的问题，又发扬了传统经济学意义上诚信注重能力的优点，避免了它缺乏制度支持的缺陷，新经济学意义上诚信能够让潜在的机会主义者收起它的妄想，自动地完成他的真实履约的义务。

第四，价值自动与约束自动的区别。我们把因具有诚信价值观而主动履约的行为称为价值自动，把因设有外在约束而主动履约的行为称为约束自动。价值自动和约束自动是不同的，在信息不对称和机会主义倾向人的前提下，约束自动更加坚实可靠，否认约束自动等于任由机会主义对价值自动者织网捕食。

第五，法律事实从本质上说是一种机会主义。法律事实作为一种证据事实，只认证据，不认客观事实，只要抓不住证据，机会主义者就可以逍遥法外。所以，当法律事实和客观事实不一致时、当法律事实支持恶者而不利于善者之时，法律事实很可能袒护罪行，冤枉好人，而市场治理的对象是机会主义，不可能把市场治理的目标定位在这种是非不分的法律意义上。

总之，关于市场治理目标，这里的核心是诚信交易即真实履约，是主观上的自动（不等于内心的自觉）即真实和客观上的行为结果即履约的有机结合，并与诸如市场秩序、市场收益和宏观上的经济繁荣等其他市场治理目标相区别，实现市场的诚信交易是本书的红线。

第四节　市场诚信治理的意义

市场治理的意义可从市场存亡和市场运行效率等角度分析。

一　市场治理关乎市场存亡

市场治理能否实现诚信，关乎市场的生死存亡。

（一）从市场制度的起源看

如果说原初的产品交换偶发于自我消费的剩余，还不是真正的商品生产和商品交换，而且这种商品生产和商品交换还没有占据社会经济的主导地位，商品价值量相等的交换原则还无法贯彻，其交换比例非常随意，那么，资本主义兴起以来的市场经济则源于互利，它自然也应展开于互利，如果交换行于欺诈，相悖于初衷，早晚必亡。关于资本主义市场经济的产生，在国内外有多种观点，如庞卓恒的农业劳动者个人力量决定论、周光远的经济结构论、穆正平的城市作用论、徐浩等的商业作用论和沈汉等的历史考察法，等等。

庞卓恒认为，农业劳动者个人力量决定封建制度解体论。他认为，社会历史是随着劳动者物质力量和精神力量的发展而发展，当他们拥有新的品质、力量和观念时，也就必然要创造出新的交往形式、新的社会关系，对西欧封建社会延续时间较短的原因进行研究时，就应该以农业劳动者的状况为中心或出发点，当时农业劳动者的多数或相当一部分人在正常年景下可能拥有 10%—20% 的净余率，这就使农奴具有独立发展的物质、精神力量，他们发展市场经济和城市社会，逐渐埋葬了封建主义。

周光远认为，是经济结构问题。14—15 世纪，英国的经济结构发生了重大变化，突出表现在农业中的畜牧业尤其是养羊业高速发展，毛纺织业发展深入农村，成为英国的民族工业，农化、工业联系紧密，互为市场，这种经济结构导致了商品经济迅速发展，贵族、农民朝有利于资本主义发展的方向迅速分化，资产阶级人数增加，以"圈地运动"对小农进一步剥夺，最终是资产阶级联合推翻了封建统治。

罗荣渠从制度政策的解释，认为人类活动的舞台从大陆转向海洋是人类文明发展取向的创新性突破，标志着人类社会走向现代世界的起步。15 世纪，中国社会的经济、政治和技术发展水平都远远高于西方，郑和航海的规模、行程、航海组织都是当时世界上超一流的，远非百年之后哥伦布、达·伽马之航海可比，但中国并未能如西方那样把远航变成向现代世界转变的开始，重要原因在于明清专制主义政权的制约，而西欧王权一直弱小。

穆正平强调了城市的作用，指出了西欧中世纪城市与东方封建国家的城市不同的两大特点：一是获得自由的农奴重新建立；二是独立或半独立的市民阶级在经济、政治、文化方面的中心地位，这就使城市具有促进商品货币经济发展、瓦解封建制度的经济基础，起着封建阶级结构分化和矛盾激化，使封建制度从政治上受到致命打击的作用。

徐浩认为，13—14世纪，农村商品化的蓬勃发展导致建立在人身自由和契约关系基础上的雇工劳动力市场和以产权私有化为核心的土地市场的形成，英国最为典型。

沈汉认为，社会是一种多因子的结构，在欧洲封建社会发生严重的危机之前，作为一种社会形态的封建主义社会在欧洲就其政治和经济各个领域来说，都具有多元构成，正是这种原有社会中异质的结构为欧洲尤其是西欧向资本主义过渡提供了较之东方封建专制主义国家更为有利的条件，等等。[1]

上述关于市场经济和资本主义产生的解释无论视角有怎样的差异，但都有其共同点，那就是都隐含着利益导向，人们放弃封建主义，进入大规模的交换经济，说到底是为了获得更多的经济收益，这才是市场经济诞生的历史使命，所以，在市场经济运行中，如果大规模地偏离了这种初衷，丧失了诚信的互利性支持，市场经济就会寿终正寝。

（二）从市场制度的创新看

在市场经济的发展过程中始终伴随着各种创新，市场制度的创新宽广丰富，交易模式、交易内容、风险规避和交易手段等均在不断发展，就金融创新来说，19世纪以来，经历了金本位制、布雷顿森林体系、金融期货、外汇期货、期权、互换、利率互换、利率期货和股价指数期货等金融创新工具。19世纪从英国开始，欧洲和美洲的国家货币先后用了金本位制，币值较为稳定；第二次世界大战后金本位解

---

[1] 赵文洪：《私人财产权利体系的发展——西方市场经济和资本主义的起源问题研究》，中国社会科学出版社1998年版，第21页。

体，实行布雷顿森林体系，美元自由兑换黄金，主要西方国家货币以固定的汇率与美元挂钩；到了 70 年代，形势发生了变化，西欧和日本等经济崛起，石油危机的冲击，美国的巨额贸易赤字和财政赤字，最终导致了布雷顿森林体系的崩溃，汇率变动日益频繁，同时利率也剧烈波动。在这种背景下，金融期货便应运而生，满足了人们于一个资产价值变动不定的世界里寻找金融资产保值工具的需要。1972 年，美国芝加哥商品交易所又推出外汇期货，为了保证资产价值不受汇率变动影响，许多公司和金融机构接受了金融期货、期权和互换等金融创新工具。1980 年以来，利率、股价的变动直接影响资产持有人和投资者的利益，于是，为降低利率和股价风险而设计的利率互换、利率期货以及股价指数期货应运而生。[①] 但万变不离其宗，最根本的还是要实现买卖双方的利益，其他如社会经济进步乃是派生于此，在这种创新过程中，如果诚信被迷惑、误导所代替，市场将最终消失，历史上荷兰郁金香炒作市场的崩溃就是典型的案例。

二　市场治理的效率意义

市场诚信治理对于市场运行效率的意义主要在于节省交易成本，提高交易效率。法律法规无论多么严密，总有百密一疏，人的主观能动的局限性和客观事物的复杂性使它们总有空子可钻，出现了一个个产权的"公共领域"[②]，著名产权经济学家巴泽尔的公共领域是指产权没有被清晰界定的产品属性，出于成本考虑，对产品的一些属性进行清晰界定在经济上是不合算的，所以，人们就会任由那些属性处于无主状态，于是人们也就会设法去获得那些免费的产品属性即公共领域。出于个人利益的市场诚信制度如退货制度，恰恰能使诚信交易成为自觉行为，对于交易环节无须事无巨细地明确规定，对于不可避免的一些遗漏也不用担惊疑虑，这样，其中用于合约形成、制定、监督、履行和可能的事故处理等费用将大大降低。

[①] 王爱俭：《金融创新工具交易》，天津大学出版社 1997 年版，第 10 页。
[②] ［美］巴泽尔：《产权的经济分析》，上海三联书店 1997 年版，第 20 页。

第二章 市场治理模式创新
——信息剩余论

信息剩余论的治理既不是如道德习惯那样的非正式制度，也不是如法律政策那样的正式制度，这其中有一个逻辑问题，正式制度和非正式制度两类治理都属于外部治理，本来交易纠纷产生于交易主体之间的信息不对称，却要由交易主体之外的主体去化解，效果肯定不理想。信息剩余论的治理都另辟蹊径，主张一种交易主体间的自治理，即在交易双方之间搭建信息平衡的制度桥梁，相对于交易伙伴的第二方实施和行业协会等第三方实施等概念，它属于自我实施，即由信息优势者以退货和质保等形式保留自己的优势信息，而不能借以损害信息劣势的交易对方。这样，信息差异的问题解决了，交易纠纷自然就消除或减少了，这种途径成本低廉，针对性强且直接高效。

第一节 信息剩余的含义

一 马克思级差地租理论与信息剩余

这里，我们把信息剩余界定为信息优势者相对于信息劣势者在信息上的差额，在市场经济中就是交易主体中的卖方和买方之间的信息差额，如卖方所拥有的、不易为买方所知的商品材料结构、成本和保质期等。信息剩余和信息不对称的关系是：只要存在信息不对称，就一定有信息剩余；信息剩余不是指信息优势者所拥有的全部信息，只是其中不为信息劣势者所知的那部分信息，因为被信息劣势者所知的那部分信息会通过契约等形式化解掉，也只有不为信息劣势者所知的那部分信息才能被其所有者进行机会主义利用；信息剩余难以量化，也不必量化，只要知道它的存在，并且是机会主义的基础即可。

信息优势就像级差地租一样是不能够被各种治理手段完全抽走、总有剩余的，农业资本家租种劣等土地只需缴纳绝对地租，而租种优等地不仅要缴纳绝对地租，而且要缴纳级差地租，这样，优等地的级差收益就被收走了，好像所租种土地的优劣对资本家的收益没有任何影响。其实不然，租种优等地还是有利可图的，在租约期内，农业资本家改良土地所多得的收益并不缴给土地所有者，而优等地更易得到改良。

按照马克思的地租理论，农业资本家租种任何土地都必须缴纳地租即绝对地租，这是资本主义土地所有权所决定的，地租是土地所有权在经济上的实现方式，或者说是土地对抗资本的一种有效形式，任何资本家，如果他不缴纳地租就得不到土地的使用权，即使是资本家自己的土地，从机会成本角度看，他也应该考虑地租成本，资本使用土地缴纳地租就像使用资本缴纳利息一样自然。当然，地租和利息产生的根源不同，利息是平均利润的扣除，利息产生以后，资本的平均利润就拆分为利息和企业家利润，而绝对地租产生于农产品价值大于平均利润的差额，农业劳动生产率低于工业，如果农业也像工业一样参与利润平均化过程，经营农业的资本将得不到与工业经营相当的平均利润，所以，社会为了得到足够的农产品而允许农产品按照高于生产价格的价值来定价，这样，农业资本就可以获得平均利润，而农产品价值的其余部分就作为地租归属于土地所有者。无论怎样分配，绝对地租的性质仍然是剩余劳动的产物，从地租的本质属性看，马克思说，"一切地租都是剩余价值，是剩余劳动的产物"[①]，农业生产中由农业工人创造的剩余价值，一部分以平均利润的形式被农业资本家获得，剩余部分则被土地所有者以地租的方式获得，即在任何情况下，这个由价值超过生产价格的余额产生的绝对地租，都只是农业工人所创造的剩余价值的一部分，都只是这个剩余价值的转化，都只是土地

---

① [德] 马克思：《资本论》第三卷，人民出版社2004年版，第715页。

所有者对这个剩余价值的攫取。①

　　对于级差地租，根据马克思的观点，我们可以从级差地租的概念、形成条件、原因、源泉和本质上来分析。土地是农业生产的基本生产资料，其肥沃程度和地理位置存在差异，因而即使面积相同，土地地租数量也不一样，这种与土地不同等级相联系的地租，称为级差地租。级差地租形成的条件是土地的肥沃程度不同和地理位置不同。各个地块肥沃度不同，地理位置即距离市场远近有别，因此，同量资本投入生产条件不同的土地，劳动生产率和资本获得的收益是不相等的，租种生产条件较差的土地，劳动生产率低、产量少，单位农产品的个别生产价格就高，而租种条件较好的土地，劳动生产率高、产量多，单位农产品的个别生产价格就低，同其他商品一样，农产品只能按社会生产价格出售，因此，租种生产条件好地块的农业资本家就因其农产品的个别生产价格低于社会生产价格而取得一个超额利润，这个超额利润为农业资本家缴纳级差地租提供了条件，所以，土地的肥沃程度不同和地理位置不同，是产生级差地租的条件。级差地租形成的原因是土地的资本主义经营垄断，土地的资本主义经营垄断是指数量质量有限的土地被农业资本家使用后所形成的对土地的经营性垄断，工业企业也有这个问题，不同企业的管理水平、生产设备和技术水平等生产条件也不一样，因而劳动生产率也有高低之分，劳动生产率高的企业，其产品个别生产价格低于社会生产价格，从而可以有超额利润，但农业中形成级差地租的超额利润，同工业中的超额利润是有区别的。主要表现在：

　　第一，农业中获得的超额利润可以长期稳定地存在。因为土地存在资本主义经营垄断，土地不仅数量有限，而且质量的优劣一般也是自然形成的，不是短时期内所能改变的，它不像工厂的机器设备可以随意地增加、改造和更新，因此，谁租用了较优的土地，谁就获得了这种土地的经营垄断权；而在工业部门，较优的生产条件不可能长期

---

① 杨继瑞等：《绝对地租的价值构成实体及其演变的探析》，《马克思主义与现实》2014年第3期。

被某个企业垄断，一旦先进的管理水平、生产技术和设备被推广开来，产品的社会生产价格就会下降，原先的超额利润就会消失。正是由于这种因土地的有限性而引起的土地经营垄断，使农业投资者为争取较优生产条件的竞争受到阻碍，从而使那些经营较优土地的农业投资者，能较长期地保持生产上的优势，稳定地取得超额利润，并能够在土地所有权及其要求经济实现的逻辑下把它转化为级差地租交给土地所有者。

第二，经营优等和中等土地的农业资本家都能获得超额利润。这是缘于土地经营垄断，土地经营垄断不仅使其他农业资本家无法在同等投资的情况下获得同等优越的生产条件，而且也使已租种较优土地的农业资本家无法任意扩大其原有较优的生产条件和生产规模来满足社会对农产品的需求，这样，社会对农产品的需要就只能由不同等级的土地共同来提供，就必须保证经营劣等土地的资本家也能获得平均利润，如果不能保证经营劣等土地的资本家也能获得平均利润，资本就会转移，农产品的供应就会减少，价格就会上升，一直上升到劣等地的经营也能够获得平均利润为止。所以，农产品的社会生产价格不像工业品那样由平均的中等的生产条件决定，而只能由产量为社会所需要的劣等土地的个别生产价格决定，这样，经营优、中等土地的农业资本家都能稳定地获得超额利润，从而形成级差地租。

从以上分析可以看到，级差地租产生的原因是农业中对土地的资本主义经营垄断，垄断经营优等地以及中等地的农业资本家所长期稳定获得的超额利润，作为级差地租交给土地所有者。

农业中的超额利润为什么会转化为级差地租呢？这就涉及土地所有权问题。固然，土地所有权与作为级差地租的实体的超额利润的形成是毫无关系的，无论土地是属于个人所有，还是属于资产阶级国家所有，只要存在土地经营垄断，都同样会形成由个别生产价格和社会生产价格的差额所构成的超额利润，但是，资本主义土地所有权的存在却决定了这一种超额利润会从农业资本家手中，以级差地租的形式转归土地所有者所有，在土地公有制下，地租就会归属于土地公有制的代表者。

那么，级差地租到底是从哪里来的呢？即级差地租的源泉是什么呢？是否像资产阶级经济学家所散布的那样来源于土地的自然力呢？回答是否定的。级差地租的源泉是优等地和中等地农业雇用工人创造的超额剩余价值，耕种优等地和中等地的农业工人的劳动是一种具有较高生产率的劳动，因为这种劳动的自然条件优越，所以，这种劳动是加倍的劳动，它能够创造出超额剩余价值。

综上所述，土地质量优劣的差别是产生级差地租的条件或自然基础，土地的有限性引起土地经营垄断是产生级差地租的原因，农业雇用工人的剩余劳动是级差地租的源泉，土地所有权是这种超额利润采取级差地租形式落入土地所有者腰包的原因，其本质是农业资本家和土地所有者共同剥削农业雇用工人。①

可见，级差地租是不能够被完全拿走的，因此，农业资本家都愿意租种优等地，以便在租期内得到平均利润以上的那部分剩余价值。同样地，信息优势者的优势信息也不能通过外在的法规等完全消除，他仍然可能利用其优势信息进行机会主义的牟利活动，既然这样，干脆就由信息优势者自己持有其优势信息并承担后果，这样的理念及其制度设计会更加符合信息力量对比的实际状况，基于此，我们提出了信息剩余论，信息剩余论就是主张由信息优势者占有信息剩余，并在这个理论基础上设计相应的制度机制，由信息优势者占有信息剩余对于市场机会主义行为的治理是有效的，是较好地解决信息不对称问题的方法。

二 约拉姆·巴泽尔产权理论与垄断条款理论的启示

美国著名经济学家约拉姆·巴泽尔关于剩余收入分配的观点也给我们的信息剩余理论提供了一定的支持。巴泽尔认为，只有一种所有制形式确实能够使来自资源的净收入实现最大化。决定所有权最优配置的总原则是：对资源平均收入影响倾向更大的一方，得到剩余的份

---

① 杨海芬：《政治经济学》，中国计量出版社2007年版，第136页。

额也应该更大。① 在我们关于市场治理的分析中，信息优势者属于对资源平均收入影响倾向更大的一方，所以，应该由他来掌握剩余控制权，即获得信息剩余。

垄断条款理论对信息剩余理论的提出也具有支持作用。我国学者姚洋认为，深入探讨两个企业合并的过程可能会给我们带来新的发现，他假设合同的一方对另一方有绝对谈判能力，在重新谈判中拥有所有剩余，鉴于此，他就不会减少应有的投资，这一点可写入合同中，即无论发生任何情况，配件的所有收益归其生产者所有，由于它将所有收益归于一人，所以被称为"垄断条款"。市场经济中的信息优势者对于信息劣势者具有绝对优势，如果优势者对劣势者执行机会主义，而不考虑其他制约，劣势者毫无招架之力，而设立垄断条款不失为一种明智的选择，但是，旨在进行市场治理的信息剩余理论不同于哈特的有关办法，他主张由合同的一方购买另一方的产权，并雇用另一方进行生产，而信息剩余论的主张是信息优势者和劣势者各自独立，他们不是一个组织的成员，而是两个不同的经济主体。

三 信息剩余论的实践基础

现实经济活动的产权安排也为信息剩余论提供了坚实的基础。在合伙制企业中，如果不能实行信息优势者获得剩余，就会由于合伙人之间的相互猜忌而散伙，两个以上的合伙人之间总是各揣心思，他们各有自己的不为对方所知的优势信息，并利用来谋求共同利益的一个更大份额，这使他们更多地进行了分配性的努力，而不是生产性的努力，而面对这种情况又难以设计一种适合合伙制的信息剩余制度，所以合伙制很容易失败，成功的案例往往依托于合伙人的高尚道德，这个事实从反面起到了支持信息剩余论的作用。同时，出租车行业的产权安排则是一种正面支持，在这个行业中，是信息优势者司机获得剩余，而不是车主获得剩余。

信息剩余论的科学性还来自其自身的逻辑性，即问题解决的途径

---

① [美] 巴泽尔：《产权的经济分析》，上海三联书店、上海人民出版社 1997 年版，第 30 页。

应该具有产生问题的原因上的针对性。市场诚信最深刻的根源在于买卖双方的信息不对称及其机会主义，那么要解决这个问题，就要从消除这个根源上进行努力。具体来说，既然信息劣势者无法消除信息优势者的信息优势，就不如逆流而上，反其道而行之，由优势者自留其优势信息，必然产生好的治理效果，这是逻辑的力量。这种逻辑也可以理解为是一种辩证逻辑，它反对形式逻辑的同一律，按照同一律，一个事物是 A，就不能同时是非 A，可是辩证逻辑却主张是 A，同时又是非 A，其实验基础是：光子既是可分的，又是不可分的。说它不可分，是因为它可以同时穿越两个缝隙；说它可分，是因为光子不具有能量的 50%。这个实验推翻了传统逻辑的准确性，其中的奥妙在于存在极限过渡。所谓"败棋者有胜招"，看来已要失败的棋局形势也会有取胜的棋路，争斗中处于劣势的一方还会有最后取胜的谋略。把辩证逻辑用到市场治理的分析中，我们会发现，优势信息既是优势同时又是劣势，劣势信息既是劣势同时又是优势。当优势信息强大到威胁消费者交易的根本利益时，消费者就会放弃交易，这时优势者为了交易的实现就会设法消除自己的优势，或者让他的优势不起作用，他的优势信息也就在一定程度上变成了劣势信息，而消费者的劣势就相应地变成了优势，这种极限过渡现象正是制度设计的空间所在，如果没有这种事物本身所具有的客观的现象，任何的制度设计都将不可能，这也是事物为自己得以延续而具有的天然禀赋，也就是说，辩证逻辑不是主观臆造的，而是事物客观属性的反应。

第二节 信息剩余的作用

信息剩余的作用要围绕基础契约来理解。这里，我们把基础契约界定为买卖双方之间一开始就形成的买卖关系及其一定形式的合约。这种交易双方进行初始交易的基础契约，是相对于后面的退货契约等补充性契约而言的，基础契约是实质性交易，补充性契约是为了支持基础契约的实现。

一 信息剩余促成基础契约

信息剩余能够多维度促成基础契约的达成。信息剩余主张的优势信息由其所有者自留就等于解除了信息劣势者的后顾之忧,信息劣势者自然愿意和他达成交易契约。人们一般都是风险厌恶者,其效用和风险成反比,风险越大效用越低,风险越小效用越大,信息劣势者尤其如此。从心理学上讲,当一个人处于优势时,他的心理更加强大,担当心理也更强烈;而当一个人处于劣势时,他的心理更加脆弱,防范心理也更强烈。在商品交易关系中,卖方处于信息优势地位,买方处于信息劣势地位,买卖双方的交易等于优势信息和劣势信息相交换,卖方掌握着主动权,买方则会时时担忧货物和服务的真假与质量,而若卖方承诺其优势信息自留,等于主动权移位,即从卖方转移到了买方,买方由此获得了强大的心理支持,他就会觉得商家的要价并不高而自己在这种信息保障中更愿意出一个高价,这时消费者剩余最大化,同时他会认为自己的花费是可靠的、值得的,并由此获得效用最大化,而消费者的目标就是效用最大化,信息剩余正是迎合了消费者的这种购买理念。效用是消费者消费某种商品或商品组合所获得的满足,这种满足是一种主观感受。我们借用经济学的这一概念,不是用在商品真实消费的意义上,而是用在消费者基于信息形势的预想上,也就是说,是设想的,而不是感觉的,这与马克思主义政治经济学中的使用价值也不是一回事,使用价值是指商品所具有的能够满足人们某种需要的属性,那些属性是客观存在的,不管人们有没有设想它、感觉到它,它都是存在的。例如,面包能够充饥、饮料能够解渴,这是面包饮料所具有的客观的使用价值,而如果在消费中获得了满足,那这种满足就是效用,效用是生理和心理的综合;如果消费者在消费面包饮料后没有获得满足感,那面包饮料对他来讲就只是使用价值,而不是效用,我们这里的效用比西方经济学的效用更加抽象,是指消费之前的一种想象,而且是一种创造性的想象,即不是根据现成的描述,而是在大脑中产生新形象的过程,因为是信息的处理对消费者的心理产生了重要影响,而没有谁对他描述其效用的情况,是消费者自己把目前信息问题与个人生活愿望相联系并指向未来消费的想象，体现了个人的憧憬或寄托，这种创造性想象具有积极意义，是科学预见的一部分，是激励人们行动的重要精神力量，是个人和社会存在发展的精神支柱。

我们还可以利用"信息拍卖效应"来理解信息剩余对促进消费者购买的作用。拍卖效应可以界定为以降低要求而对被要求者所产生的顺从效果。一件商品本来可以定价1000元，如果定价为990元就会被消费者认为便宜了很多，由此带来更大的销售量，而问题的实质即要求消费者购买商品并没有改变；一个学生本来要求他学习1个小时，如果改为要求他学习50分钟，他就会感觉轻松了许多，因此学习的积极性更高，效果也更好，而问题的实质即要求学生学习并没有改变，这些是价格的拍卖效应和时间的拍卖效应。信息剩余的作用也可以看作是一种拍卖效应，是信息优势者对信息劣势者的一种信息要求上的降低，改货币所有者的信息劣势为商品所有者的优势信息位置，其实质也并没有改变，即还是要求消费者进入交易关系，但消费者已经因此而减轻了购买疑虑，所以，信息剩余会促进购买，这是拍卖思维的成功运用，拍卖思维就是这样一种出让小利获得大利的智慧思维。

经济学假定消费者知道自己需要什么、知道什么商品或服务能满足自己的需要，在这种条件下，消费者总是努力使自己的效用达到最大化，对这种假定有许多批评，认为这不符合现实，因为消费者的很多购买可能仅仅基于习惯、跟着感觉走，并不是每项消费决策都经过一番最大化计算，如果每次都要反复盘算，那就是令人厌烦的事情。那么，为什么经济学家还要假设消费者都在有意识地进行消费决策呢？经济学的解释是：建立模型的最终目的是理解和预测行为，只要消费者在一般情况下，或者大多数消费者具有明确目的，就可以建立一个模型，假定消费者是在最大化自己的效用，假设消费者最大化自己的效用并不意味着消费者每次购买时，真的会使用某种效用表测算一下，模型只是现实的简化。[1]

---

[1] 陈宪：《经济学原理与应用》，高等教育出版社2006年版，第92页。

这样一来，从风险、心理和效用等分析，信息剩余肯定会促使买方进入购买，从这个意义上讲，信息剩余的安排有利于基础契约的达成。

二 信息剩余使基础契约有效执行

信息剩余能够使基础契约有效执行。有了信息优势者的信息自留性质的保证，基础契约不只是可以达成，还能够贯彻到底，因为信息优势者的信息自留为消费者提供了整个交易过程的心理支持，即使由于某种原因而最终退货，也还是保证了其他消费者的基础契约的执行，因为一个消费者的退货即终止契约不等于其他消费者也会终止契约，消费者群体虽然具有统一的机会主义厌恶，但现实的消费者个体并不是偏好均质的，如果一起退货的原因如对服装款式非偏好在另一个消费者那里并不存在，那么这起消费者退货就不会产生示范效应和从众效应，示范效应和从众效应是一种信念转移，即由他人转移到自己，他人的期待或态度会对自己有所影响，其产生是有前提条件的：转移者具有明确的转移动机，被转移者和转移者具有相同的期待，显然，这两个条件在消费者之间都不存在。关于第一个条件，各个消费者一般并不相识，谈不上进行退货交流问题。关于第二个条件，各个消费者一般具有不同的商品属性偏好，不具有相同的期待，因此，信息剩余的产权安排从总量上会增加基础契约的执行。

市场交易中也可能出现恶意退货问题，或称作反向优势问题，有些消费者利用退货制度无偿使用商品，使用过后再去退货，反过来影响了商品供给者的正常利益，对此信息剩余理论又该做何解释呢？出路何在？其一，任何产权安排的效益都不是绝对的，只要相对利益合算就可以实施。其二，树立"旁支付"思维，旁支付指的是以契约外的利益来弥补契约内的损失，正如"堤内损失堤外补"之意，旁支付的用意在于形成合作契约的有效激励机制，因此，如何设计旁支付以使它具有激励价值就成为需要研究的重点问题。商品所有者设计剩余理论指导下的退货制度就是一个具有激励价值的旁支付，他在遭受恶意退货损失的同时得到了其他消费者的大量购买，所以要看总的效果，而不是个别城池之得失。进一步地，信息优势者还可以通过比较有和没有旁支付激励机制两种情况下在一个运作周期中总的期望收益，来证明旁支付激励机制使其期望收益得到提高，比较的结果一定是旁支付激励机制的引入，不仅可以激励消费者提高购买，而且在恰当选取旁支付值即退货条件，可最大化其期望收益，使其运作得到优化。[①] 其三，仔细进行退货调查研究并制定切实可行的退货条件，没有百分百的无条件退货，这样，可以在一定程度上减少恶意退货。

三 信息剩余减少基础契约纠纷

信息剩余可以减少基础契约纠纷。信息剩余把主动权交给消费者，交易双方的责权利明确，看似是一种不平等，实质上是以不平等来治理不平等，最终实现平等。交易关系刚建立之时，消费者处于信息弱势地位，而销售者处于信息优势地位，销售者存在机会主义的可能，为了解除消费者的疑虑，销售者采取自我治理即自留优势信息，自然就减少了由于信息不对称而产生怀疑等引起的纠纷；机会主义者本身的道德能力就比较低下，如果不是依靠其出于利益原则的自治理，而是进行与其利益相左的道德说教，效果肯定是比较差的。

美国著名的哲学家和伦理学家罗尔斯认为，人们的不同生活前景受到政治体制、经济体制和一般的社会条件的限制及影响，也受到人们出生伊始所具有的不平等的社会地位和自然禀赋的深刻而持久的影响——这一点和马克思的认识是一样的，马克思早就分析到人和人从出生开始就是不平等的，尤其是所属阶级的不同所造成的不平等，这种不平等却是个人无法自主选择的，因此，这些最初的不平等就成为正义原则的最初应用对象。换言之，正义原则要通过调节主要的社会制度来从全社会角度处理这种出发点方面的不平等，尽量排除社会历史和自然方面的偶然因素对于人们生活前景的影响。[②] 基于此，罗尔斯的正义论中有一个著名的原则，那就是由社会有利者向社会不利者进行利益倾斜，这恰恰是我们这里的"以不平等来治理不平等，最终实现的却是平等"。一般来说，正义的才是公平的，公平应该建立在

[①] 仲伟俊：《合作型企业间电子商务》，科学出版社2009年版，第33页。
[②] ［美］约翰·罗尔斯：《正义论》，中国社会科学出版社1988年版，第9页。

正义的基础上。也就是说，机会平等要优先于差别原则，但在人们之间存在先天的社会不利者和有利者之分的情况下，为了实现更大的全社会的正义，建立一系列的制度以向社会不利者进行倾斜，也可以被大家所接受而成为正义的；这种主张的背后隐藏着更具前提性的价值观，那就是人人结果平等，市场治理的价值观恰恰就是要实现买卖双方的平等，所以，罗尔斯的这种理论就可以用来支持旨在实现信息平衡平等的信息剩余理论。这种社会不利者优先的原则显然是否定社会达尔文主义的，社会达尔文主义认为，现存的就是优秀的和善的，被消灭的就是低劣的和丑恶的，在人类社会中也要实行优胜劣汰。殊不知，人类社会不同于自然界的动植物，人类不只能够适应环境，更为重要的是，人类能够改造环境，人类具有的主观能动性可以使各种社会群体之间形成某种平衡，否则按照优胜劣汰的逻辑，人类终将毁灭。

　　信息剩余的作用衡量可以借助于信息弹性概念，信息弹性可以理解为销售量的变化率与信息剩余制度实行与否的对照，即实行信息剩余制度前后的销售量是不一样的，如果销售量的变化率大于1，就可以划归富有弹性；如果销售量的变化率小于1，就可以划归缺乏弹性；如果销售量的变化率等于零，就可以划归为没有弹性；如果销售量的变化率无穷大，就可以划归为弹性无穷大。对于富有信息弹性的商品，执行的销售策略是运用信息剩余制度，因为运用信息剩余制度所带来的好处即销售量的增加大于其损失；对于缺乏信息弹性的商品，执行的销售策略是不运用信息剩余制度，因为运用信息剩余制度所带来的好处即销售量的增加小于其损失；对于销售的信息弹性为零的商品，运用信息剩余制度和不运用信息剩余制度都是一样的，因为销售量对此没有一点反应；对于销售的信息弹性无穷大商品，维持信息剩余制度运用与否的现状，因为现有状况就已经产生了很好的销售效果，而任何改变都将带来销售量的大幅度减少。后面两种情况是极其偶然的，经济的常态是前面的两种情况。

第三节　信息剩余的作用机理

一　利益相容机制

信息剩余治理模式有效性的作用机理在于利益相容机制和信息平衡机制的形成。利益相容机制是指当不同的利益主体之间存在利益标准的差异时，采用相同的唯一标准来处理问题，这种唯一标准可以是存在的或者新形成的，相容性原则往往成为解决各种交往潜在问题的一种方法，这种方法使所有利益相关者都得到益处，他们的利益是共存的。在市场治理中，从利益相容机制看，卖方如果侵害买方利益，他的利益就会受损，卖方如果维护买方利益，他的利益就会增加；从信息平衡机制看，其作用机理在于它能够平衡信息，即化解优势者信息、提升劣势者信息的能力。买方表面上处于信息劣势，但通过一定的方式如退货制度，客观上钳制了卖方优势信息的机会主义使用，由此诱逼性地实现了双方信息的平衡。利益相容机制和信息平衡机制相辅相成、浑然一体，共同保证了信息剩余治理模式的有效性。

有的学者认为，个体的自我实施以双边交易和合约为前提，参与人之间的关系需要是长期的，或者说双方的相互作用是无限重复的，同时在其关系的整个存续期间各方收益净值均为正，这缘于自我实施是一种个人的惩罚条款，它是通过终止或威胁终止与被实施者之间的交易或合约关系，一方面造成对方长期以来投资于维持这种关系的资本损失，以及未来交易的损失；另一方面在特定的社会网络中，这种退出交易关系也会降低违约者的信用评价，使其信誉贬值，进而增加其将来的交易成本。当这种终止或威胁终止双方交易关系而强加给违约者的损失大于其机会主义预期收益时，机会主义行为就会避免，这种个体的自我实施就是有效的。[①] 其实，这种长期性是不必要的，信

[①] 李泽平：《司法系统与行会治理机制：一致性与最优分布》，《生产力研究》2015年第2期。

息平衡机制在任何一次性交易中都可实施；在一定时期之内，一次性现货交易不一定在额度上高于期货交易等交易形式，但一次性交易在社会日常生活中更加常用，它所涉及的人数众多、影响广泛，信息剩余论的信息平衡机制能够以其平衡买卖双方信息的方式促进交易，自然是具有重要价值的。

二 信息平衡机制

信息剩余论的信息平衡机制是对信息性贸易壁垒的破解。今天的贸易壁垒多种多样，可以从不同的角度进行划分，以贸易壁垒所影响的贸易种类为标准，可以把贸易壁垒分为以下五种：

①货物贸易的关税壁垒，包括关税减让方面的关税壁垒、税则分类方面的壁垒、关税高峰、关税配额。②货物贸易的非关税壁垒，包括进口许可、出口许可、进口配额、进口禁令、技术性贸易壁垒、出口限制、政府采购、补贴、自愿出口限制、当地含量要求、国家专控的进出口贸易、卫生与动植物检疫措施，以及反倾销、反补贴、保障措施等贸易救济措施。③妨碍与贸易有关的投资措施，包括投资准入范围限制、税收歧视和外国股权的限制。④妨碍服务贸易措施，包括准入限制和外国股权限制。⑤妨碍与贸易有关的知识产权措施，指对知识产权保护力度不够等。根据贸易壁垒的表现形式，可以把贸易壁垒分成以下四种：①立法，以法律、法规、条例的形式规定贸易壁垒；②行政决定，以行政决定、行政命令、指令形式规定贸易壁垒；③政策以及舆论，政府采取或者支持的以政策、舆论宣传来影响本国国民，比如使用国货、歧视进口产品等；④做法，如短时间内不适当地频繁使用反倾销措施、地方保护主义、贪污、官僚主义等。[①] 人们对这些贸易壁垒进行了多视角的研究，如对其中的技术性贸易壁垒（Technical BarrMrs to Trade，TBT）还进行了专门研究，它是指进口方采取的限制或禁止进口的各种技术性措施如技术法规、标准、合格评定程序以及标签标志制度等，它属于非关税壁垒的范畴。具体来说，

[①] 智库：《贸易壁垒的种类》，2009 年 11 月 27 日，http://www.e-to-china.cn/knowledge/commerce/2009/1127/67020.html。

技术性贸易壁垒是指由于各国或地区对技术要求的制定或实施不当而可能给国际贸易造成不必要的障碍，在 WTO 框架下，技术性贸易壁垒是指在国际贸易中，成员方为了保护国家或地区安全、保护人类健康、消费者权益、防止欺诈行为、保证产品质量、保护环境和动植物安全，可以采取一些技术性贸易措施，制定包括包装、标记和标签要求在内的各项技术规章标准以及合格评定程序，这些措施可能成为其他成员的商品或服务进入该方市场的障碍。① 但唯独对这种信息障碍的研究较为忽视，其实，它具有很强的市场治理的作用和作用机理，也因此有着自己独特的魅力，这种可以称作信息性壁垒的贸易壁垒不仅适用于国内交易，也适用于国际贸易。

第四节　信息剩余的特点

一　避免潜在损害

信息剩余制度可以避免潜在损害。为了说明这一点，我们把信息剩余与契约中的垄断条款进行比较，它们之间的一个共同点是：都把难以清晰界定的事项归于契约的一方。垄断条款是指在合同中将所有收益归于一人的条款，其中的依据在于：不完全合同使合同双方对未来事件及其后果缺乏预见，也就无法在合同中写明垄断条款，因此，在合同执行过程中，当事人必须不断地进行重新谈判，以分配新发现的剩余或成本，如果两人的谈判能力相当，则会平分新的剩余或成本，但这样将影响投资的积极性，如此显示出分散的所有权的失效。哈特的办法是由合同的一方购买另一方的产权，并雇用另一方进行生产，这样就免去了重新谈判的麻烦，合同因此变得有效。但是，将所有收益归于一人并不等于说这个人所得全部是正收益，经营结果也许是零和负数。如果说一般的垄断条款既有潜在损失，又有潜在收益，

---

① 李玫：《技术性贸易壁垒与我国技术法规体系的建设》，中国标准出版社 2007 年版，第 3 页。

那么信息优势者所可能带来的只是潜在损害，因为他的信息优势在机会主义人假定下必然会进行机会主义方式的运用，从而危害商品所有者的利益——这种机会主义人假定是市场治理命题产生的前提，针对这种情况，由信息优势者自己收留自己的信息，就不会使那些潜在损害变为现实。

二　信息剩余的内在约束

信息剩余制度的有效性在于它的内在约束。内在约束是相对于外在约束而言的。内在约束是指经济主体对自身的约束，外在约束是指独立于微观经济活动主体之外的各种社会法律制度和规范对经济主体利益及行为的约束。退货制度即信息剩余制度，就属于这种内在约束性质，它靠信息优势者自己来把握其优势信息的使用，且这种使用无害于契约的另一方。与此相对应，信用档案制、法律制度和社区规范等则属于外在约束。内在约束的效力之所以大于外在约束，是因为人的行为基础是其内心信念，这样，外在约束就是表面的和一时的，市场交易中信息优势者的内心信念是财富，但为了财富，机会主义随时对他产生诱惑，这种诱惑之强大足以使他无视各种外在约束，因为货币作为财富的代表在数量上总是有限的，在这种情势下，信息剩余理论及其机制从他的财富信念着手实施其机会主义控制，如果他践行机会主义，他就会被退货，即就会由他自己承受其优势信息剩余，而他是不会自我伤害的，这样就形成一种有效的自我约束，也是一种有效的内在约束。

三　信息剩余不同于道德准则

信息剩余制度不同于道德准则。两者虽然都属于内在约束，靠自己约束自己，但却一个是发自内心，另一个是迫于制度。从道德准则看，行为主体若违背了它，就会引起消极的心理感受，而信息剩余制度则是一种技巧，在行为主体内心未必认可的情况下，照样可以实施。另外，道德对市场诚信的治理是事前的，而信息剩余制度则是事后的，但又不会消极等待不利结果的来临，而是以信息优势者对不利结果的畏惧作为倒逼机制使他也在事前实施诚信行为。从想象的角度看，道德约束类似于再造想象，即根据别人的描述或图像在头脑中形成新形象的过程，它能够使人超越个人狭隘的经验范围和时空限制而获得更多的知识，使人们能够更容易地理解抽象的知识，使抽象知识变得具体、生动和易于掌握，但毕竟是外在的输入；而信息剩余则是一种创新性想象，它依靠相关主体自己创造、自己执行，而不是依赖外力的作用。

四 信息剩余的低成本

信息剩余模式基于对信息优势者的牟利本性，会使他自动实施，可免予监督，节约了验证成本，所以实施成本低。市场治理模式的选择不仅要奏效，还要考虑实施的成本问题，这是经济思维的题中应有之义。对于高成本验证条件的签约，采取这种结果归于一人的垄断条款就是最优契约，犹如在验证成本较高的条件下债务契约优于股权契约，债务契约由借债者还本付息，因为验证他的信息成本高昂，高到大于契约的收益，所以就不去验证，由他来承担所有的后果，如果这时采取股权契约，其他股东的风险是非常大的，能够正常营利是偶然的，风险变为事实就是必然的。

进一步的认识是，由于投资者和企业家关于一个投资项目实际产出的信息是不对称的，企业家从其利己本能出发，具备低产出的动机，而在高成本状态验证的条件下，外部投资者如果采用完全分享项目收益的股权契约，将发生较高的验证成本，因而股权契约的效率低于标准债务契约，汤森德（Townsend，1979）、戴蒙德（Diamond，1984）、盖尔和赫尔威格（Gale and Hellwig，1985）分别对此进行了研究，其研究在债务契约有效性条件方面是不同的。汤森德（1979）并未深入讨论保持债务契约有效的条件，其无破产假设远离事实，使他的模型框架中的债务契约是不能达到的，因为企业家可能失信，尽管融资时会承诺满足投资者要求的偿付，但事实上他可以无限制地转移项目收益，其最终实际申报的收益可能是零或者负数。戴蒙德（1984）强调了破产成本的作用，破产成本的存在使企业家在项目失败时必须承受项目收益以外的损失，这种惩罚机制降低了企业家谎报的动机，从而也降低了验证成本。盖尔和赫尔威格（1985）得到的最优契约是股权参与最大化的标准负债契约，他们通过引入股权参与最大化这个概念事实上强调了企业家的初始财富参与，初始财富的参与强化了企业家真实汇报产出的动机，从而降低了验证成本。①

债务契约形式上等于是由金融机构承担监督信息优势者的责任，但实质是债务人自己承担，因为他要还本付息，体现企业剩余索取权配置和剩余控制权配置的有效对应是经济效率的关键，而其有效对应的基础就是各方的信息力量对比。古典资本主义企业的产权结构设计为资本获得全部剩余即剩余价值，就是因为资本家占有信息优势，他是一个各要素的中心签约人，从各个要素的购买、组织、合作运行和结果，他都在其中发挥主导作用，只有把剩余索取权交给他，整个运行才是最有效率的。可见，资本家获得剩余价值并不是因为他是生产资料所有者，而是因为他是一个信息优势者，是生产经营中关键信息的集中掌握者。现代企业把相当一部分股权交给经理，也是这样一个解决机会主义的思路。出租车行业的产权设计也是同样的道理。在出租车行业，车主是投资者，司机是拿工资的劳动者，但在这里，投资者却不能居于剩余索取者的地位，他要把剩余索取权交给司机，因为司机拥有车辆运行状况的第一线信息，如果给司机固定的收入，他将失去积极寻找顾客的动机，所以，信息优势者获取剩余的制度安排可以概括各种的产权结构，这样的制度安排是成本最低的。

第五节 信息剩余与信息不对称理论比较

从以上特点可知，信息剩余与信息不对称既有联系又有区别。其联系在于：信息剩余以信息不对称为前提的，没有信息不对称就谈不上信息剩余，正是客观上存在交易主体之间的信息不对称，为了平衡其信息，实现公平交易，才提出了信息剩余概念。两者都是通过交易双方的利益相关性来解决信息不对称的问题。

---

① 马晓军：《证券设计理论及融资工具创新问题研究》，中国财政经济出版社2006年版，第48页。

一 信息剩余不同于信息不对称

信息剩余与信息不对称的区别在于：第一，信息不对称是对交易主体之间信息关系的一种客观描述，而信息剩余是一种治理理念和手段，带有对各主体信息进行主观配置的性质，以信息不对称为基础。第二，面对信息不对称的市场治理思路不同。传统信息不对称理论是将信息优势者的信息"外显"路径，如劳动市场中以学历证书等作为劳动能力的显示信号，商品市场上厂商提供保修承诺、广告、第三方认证机构的质量监督、合同约束和信誉来向购买者传递产品质量优良的信号，保险市场上向投保人提供"高自赔率、低保险费"和"低自赔率、高保险费"的选择，以防止保险欺诈行为。信息剩余理论认为，优势信息所有者的优势信息是不可能被完全外露的，如果他要想获得信息租金，总是能够实现的，所以，与其强硬挤压其隐性信息，不如通过一系列制度设计让其自留并承担其后果，这是一种行之有效的利益机制。

二 信息不对称理论沿革

为了对信息剩余与信息不对称理论的比较理解得更加深刻，有必要梳理一下信息不对称理论的沿革和主要流派等知识。我们把信息不对称理论纳入信息经济学中，所以，也就是要考察信息经济学理论的沿革等。施蒂格勒在这方面做了开创性工作，在《信息经济学》一文中，他批判了传统经济理论的完全信息假设，提出了信息搜寻的概念，并呼吁从信息角度对全部经济理论进行清算，斯蒂格勒认为，经济主体掌握的初始信息是有限的，是不完全信息，因而其行为面临着极大的不确定性，鉴于信息具有排除不确定性的功能，经济主体要做出最优决策，必须对相关信息进行搜寻，而信息搜寻是需要经济成本的，这样，施蒂格勒明确地把信息与成本和产出联系起来。阿罗（K. Arrow）对信息经济学进行了开拓性研究。他认为，信息经济学是不确定性存在情况下的经济学。勒姆特（M. NeMMth）对不完全信息进行了精确的数学描述，用"信息结构"一词来描述经济决策利用的信息的复杂分布及其与决策的对应关系，出版了专著《经济学中的信息结构》。麦考尔（J. Michall）出版了《信息的经济问题探索》。罗特西尔德（M. Rotshild）著有《信息不完全的市场组织模式》。斯蒂格利茨（J. Stiglitz）著有《竞争性保险市场的均衡：不完全信息条件下的市场经济学》。萨洛普（S. Sulop）著有《自然失业率概率》和《对消费者信息的有效调节》。森（A. Sen）著有《论度量衡：社会福利分析中的信息约束》，等等。上述研究成果使不完全信息条件下的经济分析成为一个独具特色而具有巨大影响的经济学领域，这一领域主要着眼于经济活动中的信息因素而不是信息或信息活动的经济问题，其核心是用不完全信息代替完全信息、不完备信息代替完备信息、非对称信息代替对称信息对传统经济理论进行补充和修正。1976年，美国经济协会的经济学分类将"不确定性与信息经济理论"列为条目，与一般均衡理论、福利经济学一般经济理论并列，这标志着不完全信息条件下的经济分析作为独特的经济学分支已得到经济学界的认可。

在不完全信息或不确定性经济分析中，不仅要研究信息搜寻及其成本，还要研究信息影响经济主体的价值和经济决策的信息保障。马尔萨克（J. Marschak）和宫泽等提出了关于信息系统的经济理论。他们认为，最优信息系统是价值与费用之差最大的信息系统。信息经济学就是要研究如何评价和选择最优信息系统。邱吉尔（N. Churchill）把信息系统定义为对业务活动的有效管理而进行的数据收集、存储、检索、传递与利用。1983年，美国斯坦福大学编辑出版了国际性学术杂志《信息经济学与政策》，标志着《信息系统》一词已被国际上普遍认可，其系统专著是1988年美国出版的帕克（M. Parker）等撰写的《信息经济学》（Information Economics），作者认为，信息经济学的研究对象实际上涉及管理信息系统的技术、管理信息系统、管理信息组织单位三个方面，研究的重点是管理信息系统和企业经营实绩之间的联系，确立信息技术费用和效益以及通过管理信息系统和决策过程的联系来评价管理信息系统。

不完全信息条件下的经济分析和有关信息系统的经济理论都是在微观层次上对信息进行经济研究，而且重点是物质生产部门，信息产业与信息经济分析则是在中观和宏观层次上分析信息产业在整个国民经济中的地位、比重以及信息对国民经济的贡献。早在 20 世纪 50 年代末，美国学者马克卢普在 1962 年出版了《美国知识的生产与分配》。日本学者增田米二干脆把信息经济学定义为关于信息产业及其发展规律的学科，其著作《信息经济学》系统地分析了信息时代的特征和信息生产力的特征，指出在信息时代产业结构将发生根本变化，出现第四产业并将进一步向系统产业发展，信息产业发展将推动其他产业信息化。

20 世纪 60 年代以后，知识呈指数增长，情报信息的生产与传输系统发展壮大并足以与物质生产流通系统分庭抗礼。这时，除宏观角度研究知识大系统在整个国民经济的比例和贡献之外，用经济学理论方法研究情报、信息生产、传输和利用的成本效益成为学术热点。1986 年，雷波以"情报经济学"为题撰写的综述是对近 20 年情报经济学研究成果的总结。

以上信息经济学的历史从无到有即从传统经济学忽视信息因素到信息经济学的产生、从微观到宏观的视角、从物质生产领域到知识信息的生产传输领域，其各个领域既相对独立又具有某种联系，这种联系来自信息自身的内涵。信息经济学不同领域的研究也没有绝对界限。我们从广义理解信息经济学，即把有关信息转换的经济问题的研究都视为信息经济学，每个研究者和实际工作者都可以在这一综合性的学科体系中找到适合于自己的部分。[①]

从以上信息经济学的沿革梳理中可见，本书的信息经济学部分属于微观部分，包括上面四个部分中的前两个，即涉及信息搜寻成本和信息对微观主体价值的影响等。

---

① 马费成：《信息经济学》，武汉大学出版社 1997 年版，第 8 页。

第三章 基于信息剩余理论的制度建设

相应制度的主要形式有退货制度、保修制度、横向纵向一体化制度和专家导购制度等，这些制度建设旨在信息剩余理论本身的贯彻落实。下面从经济学和补充性契约等方面进行诠释。

第一节 退货制度的经济学诠释

退货制度、保修制度和专家导购制度等都有经济学理论支撑，现在以退货制度为主展开解释。

退货制度作为经济实践中越来越普遍的现象，丰富了市场治理的模式，推动了市场经济发展，下面从退货制度生成的根源、退货制度的信息剩余理论支撑、退货制度的作用机理和退货制度的制度优势四个方面给予经济学诠释。

一 退货制度生成的根源

有关退货制度主题的文献基本上都是工作实务性质的，虽然对实际商务政务工作很有意义，但缺乏理论的深层次分析，可见，这方面的研究是比较滞后的，其中理论探讨较深入的《退货制度影响消费倾向的行为理论和调查》（王湘红、王曦，2009）一文从行为经济学角度把退货制度增加消费的原因解释为消费者的主观心理因素，认为面对退货承诺，消费者可以克服"后悔心理"，文章也提出了退货制度作为商品的优质信号对消费者的吸引力，但没有展开论述，通篇集中在论证阐述行为经济学理论。其他文献资料中只有很少的文字涉及退货制度的原因，往往定位在避免对消费者的欺骗、解除买方的后顾之忧上，没有更加深入的分析。

退货制度在现实的市场经济运行中日益普及，在很大程度上促进了购销契约的建立和执行，但它在保护消费者利益的同时，也因为退货问题越来越多地影响到生产者的利益，出现了新的反向利益不平衡，实践的发展需要给出理论上的深入研究，为此，我们提出"信息剩余制度"对退货制度进行信息经济学诠释。

二 退货制度是一种信息剩余制度

信息剩余制度是一种由占有信息优势的交易主体对其优势信息采取自留、自用、自益和自损的制度安排。在市场交易中，我们把交易主体都假设为服从理性原则，即追求成本最小、收益最大。一般来说，卖方天生地拥有相对于买方的优势信息，买方为了避免卖方可能的寻租行为，总是想方设法了解尽可能多的商品信息，但关于商品的知识属于专门知识，即要支付高昂的成本才能得到的知识，成本甚至高到超越了商品本身带给买方的效用，所以，这种信息搜寻是不必要的，因为人们根本不能够消除卖方的私有信息专有。退货制度遵从市场交易中信息分布的客观经济规律，不要求信息弱势一方强硬地、徒劳地从信息优势一方进行信息复制和转移，明智地把关于商品的优势信息留给它的所有者，降低了买卖双方和总体的信息搜寻成本，买方以退货即解除契约来保障自己的权益，对卖方形成一种威慑力量，卖方则以商品的优质、低廉和服务为交换手段来获得自己的经济利益即销售量，如果买方实行无因退货，卖方的利益在于总体上扩大了交易量，因为只要商品正常，就不会出现所有的买主都同时退货的情况，而且退货制度还有许多具体的产权安排，如买三即可无偿退一。

把退货制度看作信息剩余制度不同于把它看作商品信号的观点。后者认为，退货制度彰显商品的优质性；而前者重视的是实际契约保障，无论商品的质量等属性如何，买方权益都可以得到保护，实行退货的产品一般来说都是较好的，但也有时经不住消费者检验，消费者对此类产品拥有当然的退货权。

从博弈角度看，退货制度是一种合作博弈，交易各方都能够从这项制度中受益。买方从中得到了满意的商品，他对商品的评价要高于对他原来所持有的货币的评价,其中溢出的部分称为交易的剩余值。卖方售出了自己的商品,他对货币的评价高于对他原来所持有的商品的评价,其中也有一个溢出的剩余值,这两部分剩余值之和成为合作的总收益。

哈罗德·德姆塞茨认为,产权安排应服从于外在性内在化原则,产权设计要尽可能地把全部的外在性内在化,产权是附着在物上面的使人受益或受损的权利,边界明确清晰的产权形式能够使各个产权主体之间的权利关系变得明朗可预期,是最有效率的制度安排,产权形式和外在性各自多种多样,其配置也可以灵活多样。在市场交易场合,有关商品关键信息的所有权、使用权和收益权都是商品所有者的,由于事关他的切身利益,所以,他不会转让给商品购买者,也就是说,买卖双方的利益保障问题只能通过契约规定的形式来解决,而不能通过变更所有权的方式来处理,在这种情况下,把这些权利留给供应商,同时由他来承担所有权利行使对商品购买者带来的外在性就是一种合理的产权配置。

三 退货制度的作用机理

退货制度作为信息剩余治理模式,其有效的作用机理在于利益相容机制、利益平衡机制和剩余控制权机制的形成。

从利益相容机制看,卖方如果侵害买方利益,他的利益就会受损,导致其销售量的降低;反之,卖方如果维护买方利益,他的利益也就会随着销售量的增加而增加。买方的行为也是如此,如果大量的购买者恶意利用退货制度,给卖方造成重大损失,这项制度将最终消失;反之,如果购买者善意利用退货制度,他的利益就会得到延续。

从产权激励理论看,这是信息权利的一种符合激励相容原则的特殊有效配置,能够实现共赢。哈维茨(Hurwiez)创立的"激励相容"是指在市场经济中,每个理性经济人都按自利的规则行动,有一种制度安排能够使行为人追求个人利益的行为正好与集体价值最大化的目标相吻合,这一制度就是"激励相容"。贯彻"激励相容"原则,能够有效地解决个人利益与集体利益之间的矛盾,让每个人在为企业多做贡献中实现自己的价值,达成个人价值与集体价值两个目标函数的一致。市场虽然不是企业，不是一种组织，但我们可以把买卖双方的利益看成是一种集体利益，退货制度恰恰符合激励相容原则，交易主体对这一制度的遵守既符合自己的利益，又能够实现共赢。另外，关于商品的成本、材料和真实质量等信息是一种私人物品，不存在公共物品那样的"搭便车"问题，所以，这种属性的资产划归私人所有是有效率的。

从利益平衡机制看，买方表面上处于信息劣势，但通过一定的方式如退货制度，客观上钳制了卖方优势信息的机会主义行为，由此以相互制约的方式实现了双方利益的平衡。这种利益平衡不等于信息平衡，买卖双方的信息永远也不会平衡，他们之间的信息地位天生的不平等，但倾斜性的信息可以化解，退货制度使这种倾斜无处施展，从销售者最在乎的销售量这一根本因素上遏制了优势信息者的不当利益。利益平衡机制也不同于利益相容机制，利益相容机制更多关注的是个体利益和集体利益的一致性，而利益平衡机制更多关注的是个体利益之间的相互制约。在不同的制度里，两者的关系也不同，利益相容时不一定能够实现利益平衡，而利益平衡时也不一定能够实现利益相容。当然，两者也可能同时实现或同时都不能实现。最好的制度是两者同时实现，退货制度能够较好地支撑两者同时实现。

退货制度的初衷是为了保障消费者利益，防止销售商对消费者的外在性，即对消费者造成损害又不承担责任，但是，在运行过程中却出现了大量的反向外在性问题，即消费者行为对销售商造成外在性，给后者带来重大损失，有些消费者的退货既不是因为商品有缺陷，也不是因为自己不满意，而是无因退货制度下的机会主义行为，利用制度规定进行无偿消费，在规定期限内消费后又去退货。信息剩余论又如何解释这种现象呢？控制权理论为我们提供了可资借鉴的思路，该理论主张：为了整个经济组织的效率，防止其中的各种代理问题，可以把剩余权利作为控制权交给那个中心签约人即所有者，他为了获得尽可能多的剩余，就会尽心尽力地组织企业，使交易费用最小化，作为信息剩余理论视野下的退货制度正是把信息剩余权利赋予信息所有者，他具备充分利用其权利的动力去降低各项交易成本，实现其剩余最大化，目前国内外出现的"二手新品交易"和"逆向物流"等新的经营模式就是在新的外在性出现以后的对策，虽然以前的退货制度仍能对付新的反向外在性问题，但随着实践的发展变化，还可能出现更新的外在性问题，到时退货制度也许继续存在，也许会有新的产权安排来代替它。

四　退货制度的优势

退货制度就它能够解决信息不对称问题的功能来讲，相对于道德说教、第三方仲裁、法律判决、政府监管、俱乐部制度和熟人社会的声誉威慑等具有以下低成本、高效果的效率优势，符合前面所讲的信息剩余理论的一般特点：

（一）可以避免潜在损害

商品销售者作为经济人，他对其优势信息的使用带有机会主义倾向，给信息劣势者即商品购买者所可能带来的只是潜在损害，针对这种情况，退货制度由他自己收留自己的信息，并承担其使用方式的后果，就不会使那些潜在损害变为现实，因为他不会利用自己的信息来损害自己的利益，这种作用一般是事先的。第三方仲裁、法律判决、政府监管等外在于交易过程，受信息限制而难以客观地还原事实并做出公正裁决，而且往往是事后的。

（二）可以解决反向外在性问题

退货制度在现实中产生的悖论是商品销售者被商品购买者的恶意退货所困扰，可谓"成也萧何败也萧何""作茧自缚"，那么退货制度是不是就因此而败退呢？"解铃还须系铃人"，既然退货制度能够促进销售，那么同样利用它内含的信息剩余控制权也可以主动维护自身利益，这是同一产权格局的动态调整。产权经济学家巴泽尔认为，产权的有效性来自现有产权人享受权利的奋斗、他人夺取这项权利的企图和第三方保护既定权利的努力。一个产权状态是三者的函数，而影响产权有效性的三个因素都是在不断变动的，那么人们的产权就不会是永久不变的，而每次产权调整必然都会引起一系列交易成本，但退货制度却能够以它同一个产权形式解决两种外在性问题，这相对于其他机制显然是低成本的。

（三）退货制度的有效性在于它的内在约束

内在约束是相对于外在约束而言的，内在约束是指经济主体对自身的约束，外在约束是指独立于微观经济活动主体之外的各种社会法律制度和规范对经济主体利益和行为的约束。退货制度就属于这种内在约束性质，它靠信息优势者自己来把握其优势信息的使用，而且这种使用无害于契约的另一方，因为如果它在质量、价格等商品属性上损害了另一方，也就是商品购买者的利益，买方就会实行退货，这也就等于损害了他自己的利益。内在约束作为一种顺应被约束主体利益的正激励，其强度要大于惩罚性的、负激励性质的外在约束的强度。所以，它的效果通常好于政府监管等外在约束。

（四）退货制度不同于道德准则

两者虽然都属于内在约束，靠自己约束自己，但一个是精神约束，另一个是利益约束。从道德准则来看，行为主体若违背了它，就会引起消极的心理感受；而他若违背了退货制度，遭到的是物质损失这样一种硬性约束，事关他的生死存亡。两种规则相比，他倾向于自我利益保护的动力自会更加强大。

（五）退货制度采用"双边交易"思维，胜于声誉机制

2001年，约瑟夫·斯蒂格利茨、乔治·阿克尔洛夫和迈克尔·斯彭斯因为在"使用不对称信息进行市场分析"领域所做出的重要贡献而获得诺贝尔经济学奖，打破了传统经济学完全信息假定，人们自此认为市场运行应发挥外在因素的强大作用。但是，事实和理论分析表明，市场不是万能的，其良好的运行还必须主要依靠它自身的机制，市场交易实质上是买卖双方的双边关系，任何外界机制都只能是背景性因素，声誉机制也不例外。声誉机制作用的发挥需要借助三个以上的主体，离开了众人的信息传播，它无从谈起。而在市场交易场合，一般都是买卖双方的博弈，只要能够相互受益，哪怕是一时的，哪怕对方曾经为害他人，哪怕以后可能被其所害，在当前的交易中也往往概不考虑。所以声誉机制式微，尤其是在现代匿名市场环境下更是如此。退货制度顺应了"双边交易"，靠直接的交易主体的利益互动

来推动契约的执行。在退货制度下，买卖双方的善意利用，使销售者增进销量，购买者获得合格商品的保障；相反，他们也可以进行恶意利用，如销售者通过烦琐的退货手续、提高退货者的分担费用等方式设置退货制度门槛，使退货制度有名无实；即商品购买者也不断地试图免费消费，这样的行为必然使销售者销量减少、购买者失去保障，买卖双方都想从退货制度未清楚界定的"公共领域"攫取尽可能多的利益，但他们之间的博弈最终会达到产权均衡，当他们各自的成本等于收益时，就会停止"寻租"活动，其间的成本比声誉机制要小得多，效果显著得多。

这里又会出现一个新的问题，那就是在退货制度下，即使单个的销售者和购买者明白此项制度对双方的好处，因而会使自己的"寻租"行为维持在制度不至于废止的度上，但全体销售商和全体购买者彼此之间由于人数众多而无法沟通协商，那么退货制度会不会最终垮掉？如果他们同时采取恶意态度，必垮无疑，但人们的判断和行为往往不是一致的，所以，双方的博弈会持续不断，但退货制度以它巨大的经济魅力也必定难以废除。

制度对于完善市场治理是一种比较理想的模式选择，它在较高的程度上克服了交易双方的信息不对称问题，对于市场交易的发展具有其他治理模式所不具备的制度优势，但是，还需要随着实践的发展，针对不同市场的具体情况不断地做出调整，使产权的安排实现动态均衡。

关于保修制度，其中的剩余尤其体现在质量保证上，如果产品质量不过关，如果修理不负责任，承担成本的主要是生产者、销售者自己，而不是消费者；相反，消费者却因此而减轻了对质量问题的担心，所以，保修制度本身化解了修理服务业的信息黑箱。在实践中，这些制度还存在市场治理的低效问题，需要依据信息剩余理论进行完善和建构。

第二节 作为补充性契约的信息剩余制度建设

由于退货制、专家导购制和产业合并等补充性契约制度的发明，不完善的基础契约才得以执行，这些补充性契约制度的作用机理在于其平衡信息的功能及其使信息优势者占有信息剩余。但是，补充性契约有助于实现前面基础性契约的效力，却无法说明其自身何以可能，它也需要新的补充性契约来保证，但那将是一个既永无止境又无结果的论证过程。市场治理的有效性在于基础性契约、补充性契约与缔约者价值观的整合。

一 补充性契约的概念及由来

补充性契约是指面对不完全的基础性契约所采取的补救措施，如退货制度和产业合并机制。基础性契约是指市场交易双方或多方签订的初始核心契约。补充性契约和基础性契约不是就其签署的时序来讲的，而是从其逻辑关系给出的，即前者是后者的延续和保障，后者是前者的出发点和归宿。这样，补充性契约可以在基础性契约之后，也可以在基础性契约之前，如导购制度就在真正的交易契约之前，但它属于补充性契约。

新古典经济学的契约是完全契约假设，一种交易关系无论口头或书面约定，其权利义务明确，但这种假定违反事实。市场主体的有限理性、他们之间的信息不对称、利益不统一和外部环境的不确定性是客观的，但其主观上是利己的，在行动上则很可能出现损人利己的机会主义。新制度经济学看到了新古典经济学的缺陷，试图用公司等级性契约来代替市场平级性契约，以稳固的权利义务关系来减少市场关系中经常性交易的成本，但是，公司等级性契约又容易导致公司高层管理人员靠着信息优势对公司业绩的独占或多占。混合契约改进了单纯的市场契约和公司契约，由其等级性克服了市场中的机会主义和资产专用性风险，其中的资产专用性风险是指在长期投资中形成买方垄断或卖方垄断，垄断方以终止契约来要挟对方的可能性；混合契约又可由其平等性约束公司高管的贪欲。但混合契约交易并不能完全消除机会主义。只要产生不完全契约的根源不消失、经济人乃至恶性人的假定不废除，机会主义就是不可避免的。所以，市场治理结构的创新是一个包括政治、经济、文化等在内的系统工程。

出于市场经济合作实践的需要，出现了退货制度等一系列新的制度安排，我们称之为补充性契约，在买卖双方不完善的基础契约签订后，为了防止漏洞对契约的破坏，双方再签订一个或几个契约以保证基础契约的正常执行。

二 补充性契约的效力及其作用机理

退货制度等补充性契约对于保障基础契约的有效性发挥着至关重要的作用，其中蕴含着深刻的机制和原理。

（一）补充性契约的效力

补充性契约的效力主要表现在以下三个方面：

第一，补充性契约扩展市场交易量。补充性契约的建立会使市场交易量增加，因为补充性契约是基础契约的保障。王湘红和王曦的研究表明[①]，人们对收入影响消费倾向的程度评分排在消费环境和退货政策等因素之后，这说明这些因素对居民消费倾向的影响更大，而且认为，自己相对收入较高的消费者的消费倾向受退货政策影响更大。人们对退货制度的需求是普遍的，并不存在因个人特征因素如年龄性别导致的差异。

《中国青年报》曾经对2730人进行在线调查，调查结果显示，90.6%的公众曾在购买商品后希望退货。72.9%的公众支持无因退货的倡议，27.1%的人表示不支持。关于退货的原因，60.5%的人缘于商品质量问题，50.7%的人是因为购买后觉得不喜欢，50.5%的人出于商品尺寸、规格等不合适，49.7%的人在购买商品后觉得不值得或不应该购买，4.0%的人没有想过退货，也有0.6%的人承认自己是

---

① 王湘红、王曦：《退货制度影响消费倾向的行为理论和调查》，《经济理论与经济管理》2009年第10期。

"恶意退货者"。①

第二，补充性契约促使立约人履约。商品经营者推行退货制度不是追求高退货率，而是旨在增加商品的销售；商品消费者欢迎退货制度也不是为了真正退货，而是旨在保证理性购买，所以，退货制度实行后，双方都会认真履约。经营者按照基础契约的约定交付商品，消费者按照基础契约的约定支付价款，基础契约由此得以有效执行。

第三，补充性契约促成绿色交易。购买者如果想要取消起始交易，退货制度可以非常便捷地帮助他实现这个意愿，这就在很大程度上减少了交易中的纠纷。同时，由于有些退货制度规定有退货条件，所以，要实现减少纠纷的目标，基础契约的内容必须做出尽可能周详的规定，以使商品购买前后对比有据、退货顺利。北京市工商总局的数据显示，2009 年共受理家具类产品投诉 823 件，投诉量较 2008 年减少了 10.83%，占全年投诉总量的 3.45%，这是改进《北京市家具产品修理、更换、退货责任规定》，俗称"家具三包规定"的成果。相应地，古玩字画市场奉行"真假不保""包卖不包真""不得退货"的行规，赝品不能成为行业内退货的理由，导致纠纷频发。《中国青年报》的调查显示，71.2% 的人认为，要想很好地实施无因退货，还需消费者诚信，要避免恶意退货或反复退货；53.2% 的被调查者认为，无因退货本身亟须完善，需要充实一些细节性规定；50.5% 的人认为，无因退货目前只是商家的单方面承诺，有待立法约束。

退货制度显然具有权利义务非对称的性质，购买者可以在不影响商品再次销售的前提下进行退货，销售者却不能索回已经卖出去的商品，这种规定是以消费者弱势为假定条件的，商家总是比购买者对自己的商品拥有更多的信息。这种不平等的权利安排有利于实现交易和谐，我们称之为绿色交易。

补充性契约使基础契约有效执行的作用机理在于其平衡信息的功能和对信息剩余的有效安排。

---

① 迟焕霞：《北京试水无因退货效果初显》，《中国消费者报》2008 年 8 月 15 日。

(二) 补充性契约平衡信息的作用机理

对于无条件退货制度的作用，西方经济学理论从心理学角度给出了解释。依据西蒙逊（Simonson）的研究，人们具有"偏好逆转"等心理，即在做出决策后往往会后悔，而且人们在决策之前就想到了自己做出选择后可能会后悔，于是在决策时表现得犹豫不决，造成"决策矛盾"，而长时间的决策矛盾会使人们产生悲观情绪，最终放弃消费意愿。

伍德（Wood）认为，退货制度的效力在于消费者对商品质量的评价高于无退货制度下的评价，随着消费者对产品质量信任度的提高，其购买决策的时间会进一步缩短，并能够提高购物倾向。

以上这种心理学解释具有一定的价值，但还具有不理性的因素。退货制度受到欢迎也不仅仅是质量问题，如果说消费者为了质量而推崇此项制度，那么如果一种产品不实行此制度而其质量口碑又是上乘的，结果肯定是后者更受青睐——谁愿意受退货之苦呢！所以，退货制度还有其他很多便利吸引着消费者，如解决消费者因情绪购买的问题、购买使资金紧张的问题等。因此，要解释退货制度能够发挥其促进消费的效应，还需要更加现实和理性的认识及行为，所以，笔者认为，其作用机理在于它能平衡信息，这是比心理因素更进一步的、更符合实际的解释。而补充性契约平衡信息的效能又在于其化解优势者信息、提升劣势者信息的能力。下面以退货制度为例来进行分析。

一些商家在商品销售上实行不满意就退货的做法，这看起来只是一种简单的营销手段，其实蕴含着许多经济学道理，具有合理性。从信息角度看，它改变了买卖双方信息力量对比的格局。退货制度等于卖方使自己承担了有关商品的全部私有信息，他关于商品质量、进货渠道、成本等的信息也就无关紧要了，买方无须再去探究，免除了选择失误的后顾之忧，同时，在退货期间，消费者也有一定的时间去搜寻相关的信息，以使自己在买卖合同或基础契约的执行过程中处于更加有利的地位。这样，一方面化解了优势者的私有信息，另一方面提升了劣势者的信息，最终使买卖双方信息不对称问题得以减缓。

这种制度有其特定的适用条件和范围。首先，前提是买方市场。

买方市场是买方占优势的市场，商品供大于求，卖方之间竞争激烈，在这种市场环境中，卖方才会有促销的压力；反之，如果是卖方市场，商品供不应求，买方之间竞相购买，就会出现"萝卜快了不洗泥"的现象，需求方就很难享受可以退货的待遇了，这是经济法则使然，不是道德问题，这种竞争性引起的优势信息自动化解机制，也说明实践对制度的催生作用。

其次，对商品自然品质的要求。一是商品须具有质地的稳定性，以减少可能的纠纷；二是商品须具有独立的形态，由于服务类商品的供给和消费是同时进行的，即使不满意也已消费，所以只可弥补，不可退回。

退货制度也反映出，买卖双方虽然有利害冲突，但绝非你死我活，两者之间的较量完全可以设计成正和博弈形式，使两者利益相长，而非零和或负和博弈形式，两者相伤。当前已经进入"注意力经济"时代，商家更应调整自己的策略，所谓注意力经济，是指生产和分配注意力资源的过程中所形成的经济关系和商业模式，现代社会交通通信技术高度发达，各种商品信息浩如烟海，如何使自家商品不被淹没，并且凸显出来就格外重要，甚至生死攸关，退货制度从消费者的立场出发，适合了消费者降低成本、减少风险和消除疑虑的需要，可谓制胜一招。竞争战略有多种，其中，价格竞争最终要受到成本的限制，所以，还得在这种非价格竞争上多下功夫。

三 信息剩余的独占

信息优势就像级差地租一样是不能够被完全抽走、总有剩余的，农业资本家租种劣等地只需缴纳绝对地租，而租种优等地，不仅要缴纳绝对地租，而且要缴纳级差地租，这样优等地的级差收益就被收走了，好像所租种土地的优劣对资本家的收益没有任何影响。其实不然，租种优等地还是有利可图的，在租约期内，农业资本家改良土地所多得的收益并不缴给土地所有者，而优等地更易得到改良。信息剩余论就是主张由信息优势者占有信息剩余。由信息优势者占有信息剩余是有效的，而且是一种较好地解决信息不对称问题的方法。

四 补充性契约的扩展——专家导购制

在这里补充性契约的扩展指的是专家导购制度。与退货制度和产业合并不同，专家导购制不属于生产经营方的营销手段，而是社会第三方如中介服务机构对信息的平衡机制。

专家导购制是买方请相关专家进行指导、实现购买的一种制度，它作为一种市场治理机制，作用机理在于使知识对等化。其效果可表现在以下三个方面：

第一，减少购销纠纷。专家导购，就使购销双方基本站在了关于商品的同一知识层次上，两者的信息力量对比呈势均力敌之势，"假冒伪劣"在这里没有市场，买者按照自己的意愿得到了真实的商品，事后的纠纷必然减少。

第二，节省"无知者"的交易成本。处于信息弱势的消费者就如同一个无知者，他在"黑箱"市场上购买的商品，往往经过使用才能被发现质量等问题，而这时再去交涉，将花费很多的时间、精力和金钱，专家导购制的优势恰恰在于防患于未然，以事前的主动避免事后的被动，以专业化的搜寻、购买成本代替茫然地寻找成本、商品损失成本、商品造成的损害成本、诉讼成本以及其他成本。

第三，优化社会资源配置。假冒伪劣商品的欺骗性生产和销售是对社会资源的极大浪费，专家导购制对此是一种巨大的打击。

当然，专家导购制中的问题也很多，主要有以下三个方面：

第一，其中产生了一层购买者与专家之间的委托—代理关系。如果购买者对购买不认可，责任应由谁来承担？如何来划分责任？其中会不会产生专家与销售者之间的合谋问题？

第二，导购服务费用的计算。这里有一个导购服务费与不利用专家导购可能产生的潜在纠纷成本之间的比较，只要前者小于后者，利用专家导购制就是可行的。但是，其间具有较大的弹性，在实践中到底如何操作，还需结合其他因素如导购时间的长短、所购商品的价值大小、专家的单位时间收入、知识含量的高低等具体决定，这将是一个自然的市场过程，不可由政府或其他机构来确定。对此，马克思认为，商品交换价值是由市场交易主体在长期地比较各自劳动付出的过程中逐渐形成的。

第三，专家的权威性问题。专家即在某方面有造诣的行家，如面对廉价电磁炉，专家可以一语道破天机：或是特制促销，价廉物不美；或是低价冲击市场，无质量和售后保障；或是以虚假功能行欺骗之实；或是以降价之名来推销积压产品。但也有专家不专的问题，出现专家之乱——专家泛滥，假冒伪劣；专家之"脏"——违背良心，指鹿为马；专家之沉——忙于金钱，荒废专业。这些问题的存在，是专家导购制度应运而生的前提。

五 契约效力的根源

前面以补充性契约解释了不完善基础契约如何得以执行，但是，没有说明补充性契约又是怎样得到贯彻的，它可能又需要新的补充性契约等，显性制度安排总是疲于应付，还是没有解决契约效力问题。

从现实层面看，契约的有效性来自多种因素及其综合，这些因素包括利益、价值观、组织强制力、宗教信仰、习惯、声誉、社会性等。人们为什么会履行契约呢？是因为履行契约能够得到自己想要的利益，也可能是被强制的，或出于人们对是非对错的判断、信仰、习惯，珍视声望的人更是可信的签约者。另外，关系型契约理论认为，人都是生活在社会环境中的，其身份、血缘关系和地缘关系等都会促使他践约，其行为不仅是对契约的另一方负责，更是对其社会关系负责，而个别性契约论的缔约者眼中只有你和我，其他均是陌生人。上述其中任何一个因素发生作用，都会使契约得到执行。

从根本上看，各种私有信息的化解，最终还要归结到人的价值观的不断塑造上。当然，正确的价值观的形成也是各种利益博弈的结果，欧洲历史上的三十年宗教战争曾经血流成河，没有一个真正的赢家，最终还得以彼此尊重为沉淀下来的价值观，但我们不能由此把各种因素都归结为利益，说大家只有遵从那样的价值观才能获得利益，因为在正确的价值观面前，毁约的人将失去召唤力，强制是多余的，信仰、履约的习惯、声誉和社会性都会指向它。

这种价值观根植于社会氛围和社会关系中，纯粹个别的契约是不存在的，具有普遍性的是关系型契约，每一个契约都不可能脱离其社会关系，在签订和执行等各个环节上都要受到习俗、惯例和伦理规则等环境的制约，青木昌彦的"交易者社会规范"就是在这个意义上被认可的，它不仅适用于传统封闭型社会，也惠及现代开放型市场经济。在传统封闭型社会，契约参与人活动范围有限，他们都是"有名的"，且随时受着各种社会关系的监督，信息传播充分迅速，慑于此，契约会被诚实执行。在现代开放社会，参与人及其环境变得"匿名化"，人们脱离了地缘、血缘等传统关系而进入市场关系，隐没在陌生人中，"交易者社会规范"似乎会因此失去其效应，但市场是有地区限制的，缔约者同样如此，他终会"脱颖而出"，鉴于此，诚实交易就是最优策略。这也说明，不同的交易域内不一定对应所谓适宜的市场治理机制，即封闭社区对应社会规范机制，开放社会对应国家机制，全球化对应第三方私人仲裁机制，它们完全可以是相互交叉、互相支撑的，既纵向演进又横向交错。

价值观治理机制适合于所有的交易地区，即传统社区、开放社会和全球范围，它是最有效的，现实的机制设计要无限靠拢根本机制，以根本机制为依托，它成本最低，同时又是最有效的，因为根本机制不是现实机制，所以即使市场治理视角下的制度安排无止境，也绝对具有现实意义，市场治理的有效性在于基础性契约、补充性契约与缔约者价值观的整合。

六 制度空间与私有信息的化解

组织中个体所拥有的私有信息可能危害组织的发展，对这种私有信息的化解需要组织对个体的信任和制度约束，而制度的有效运行需要制度空间和灵活性，其机理在于制度空间可以给员工以信任和自主权，这样的安排使员工既受到约束又能够自愿化解自己的私有信息。

一个存在私有信息要化解的组织需要信任和制度，而制度的有效性需要空间和灵活性。企业高层主管和技术人员是组织的重要成员，他们自尊、自主的特点比较明显，拥有重要的私有信息，管理上的一个高明之处就是要从此出发，使他们在贯彻制度时由自尊自主达到自觉。

(一) 信任需要制度保证

信任是组织生命力的保障，是发挥员工才能的动力，它使组织潜力无限。没有信任的制度是缺乏人性的、死板的，迟早要被废弃，没有谁愿意在不被信任的环境中工作。在一个没有信任的组织里，人们彼此视对方为骗子，把权力看的比合作、共同目标更为重要，时间和精力消耗在令人窒息的钩心斗角中，关键问题的开放性讨论受到强制管理的压制。信任虽然有风险，但怀疑更有成本，成功的组织总是给予其员工在瞬息万变的环境中采取行动的自由，所以，没有一个缺乏信任的组织能够成功，它充其量只可能实现一些短期的目标。但是，只有信任，没有制度做后盾，组织也不会成功。制度是硬壳，信任是灵魂，两者的有机结合，才能见到效果。

"用人要疑"，因为组织中的每个人都有与组织生存和发展密切相关的私有信息，他出于个体利益存在对其私有信息扭曲利用的可能性，所以要建立相应的制度结束，那么如何建立、建立什么样的制度结束呢？

第一，责任标准。这些标准清楚、容易执行。主要涉及各个利益相关者的满意度，在企业就是员工、消费者和社会等对于企业环境、能力的培养及产品的品质等是否满意；还包括员工的责任衡量、管理者的自身要求等。组织中的每个阶层和每个人都有自己的职责，就会带来互相的尊重和信任，相信其他人都在按照职责要求完成自己的任务，而不是在无所事事，占其他人和整个组织的便宜。

第二，完善的奖惩制度。这项制度使员工明白应该做什么，不应该做什么，奖励是对积极性行为的强化措施，会使员工以后持续实施；惩罚使人们掩饰失职、逃避责任，不能够从失职事件中学到教训，所以尽量少用。

第三，组织资源共享。这是员工履行职责、实现目标所需要的。在这个问题上，要避免两个盲区：一个是只告诉员工做什么，而不配备相应的资源和权力；另一个是不准员工议论形势的变化。校正的方法是：针对第一个盲区，建立多个利益中心，也就是多个自主权中心，组织负责提供知识、信息和技能培训，这是一种分割与成长模式。针对第二个盲区，组织应鼓励员工对它的关心和热忱。限制信息流动导致官僚主义盛行，如果员工对自己处于组织中的什么位置、未来发展方向在哪里等茫然无知，组织就陷入了"黑箱"管理模式和不信任状态，信任和信息共享是相辅相成的，组织中不同层次之间的人员交流尤其需要加强。

第四，严格的战略控制。认为在信任的组织或关系中无须控制是天真的想法，没有控制，就会导致权力的滥用。信任型组织支持员工的自主权，所以，这种组织的控制应该是关键层次的、宏观战略层次的，它的设计和实施尽量不损害和削弱局部的自主权。这种控制具有以下特点：控制的非正式性，如员工普遍在乎自己在同事中的声望；控制的效果来自它对信任因素的支持，如承认员工权力、治理的新方法；控制的有限性，事无巨细、面面俱到的控制被认为是无效或低效控制。

（二）制度失灵

制度失灵是相对于制度效能而言的，拥有私有信息的员工存在机会主义行为的可能性，它是一种不顾原则的谋取私利的行为。以自利人格假设为基础，制度作为行为规范去抑制机会主义行为是其应有之义。制度效能即制度的功能、作用和效率、效益，可以概括为以下几点：

第一，建立社会秩序。"想象一下，如果这个世界没有任何的冲突和矛盾，没有任何的坑、蒙、拐、骗，没有任何的假、冒、伪劣商品，我们还有必要制定那么多的制度和规则吗？"[1] 其实，即使没有机会主义行为动机，一群利他的人相互作用也需要秩序，秩序中的运行摩擦少、效率高。

第二，降低交易成本。高的交易成本是交易无效率的表现，利用制度则可以降低交易成本。制度降低交易成本要经过几个环节，那就是抑制机会主义行为、提供有效信息和降低不确定性。机会主义行为是一种不顾原则的谋取私利的行为，以自利人格假设为基础，制度作

---

[1] 张雪艳：《新制度经济学研究》，白山出版社 2006 年版，第 56 页。

为行为规范去抑制机会主义行为。机会主义行为得到抑制后，取而代之的是合作诚信，资源就从防止机会主义流转到正常交易上，费用得以节约，当然，创建制度也需要资源，但一次性整体性的资源占用总比每一次分散交易都要占用节省得多。制度可以提供有效信息，如市场制度集中了价格、供求、竞争、政策、质量、流通、生产、消费等各种信息，企业制度融汇了产量、技术、管理、成本等多种信息，法律制度包括合法与非法、处罚的轻与重等信息。有效的信息有助于人们高效率决策。制度具有降低不确定性的功能是因为制度是公共物品，是明确的、直接告知的，在一定的制度指导下，人们清楚地知道什么可以做、什么不可以做、如何做、后果怎样等，在一定程度上克服了问题的复杂性与个人解决问题的有限能力之间的矛盾，因而降低了交易费用。

第三，使外部性内部化。外部性包括正外部性和负外部性，正外部性指一个主体的行为给他人和社会带来积极的影响，使他人和社会不付代价就能够获得好处，如养花的人让他人无偿观赏、对子女良好的教育使邻居和社会受益等，其收益小于总体效益，即是一种效益外溢的情况；负外部性是指一个主体的行为给他人和社会带来消极影响，使他人和社会分担了他的成本，如工厂噪声打扰居民、随意倾倒污水妨碍行人走路等，其成本小于总体成本，即是一种成本外泄的情况。

以上两种情况是效益外部化，他人和社会是有益的，但自己花费成本的果实被无偿享用，会引起心理的不平衡，若长期得不到补偿就会挫伤他作为经济人的积极性，正外部性因而也不会持久；另一种情况是成本外部化，别人被迫替他承担了成本，对他人和社会是有害的，甚至害了自己，但他自己直接所得好处大于害处，有时其行为的总成本甚至可能大于总收益，但他直接感觉不到，所以这种负外部性若无外力干扰，一般会长期存在。可见，无论正外部性还是负外部性都必须内部化。

外部性内部化就是谁引起的外部性最终要由谁来承担。这种承担不可能通过市场自由自愿交易得到落实，因为这样的话，就不会产生正负外部性，所以，必须要依靠一个第三者，通常是政府。政府怎样解决呢？征税、罚款、专利制度、税收减免、财政补贴、奖励等，造成负外部性者给予征税、罚款，正外部性者则享受后面的几种制度，这些制度范畴由此促成了外部性内部化。外部性内部化以后，正外部性也就没有了，但它解决了之前正外部性不持久、负外部性长存的局面，现在正外部性得到鼓励、负外部性受到抑制，兴利除弊的效果还是好的。

科斯认为，外部性内部化依靠产权安排。产权安排就是一种制度安排，从这个意义上说，制度使外部性内部化。无论交易费用的大小，外部性问题总要解决，只是解决的具体方式不同而已。在交易费用大于零的场合，为了实现既定的资源最优化配置，就要安排一种交易成本小的产权制度，成本越低，效率越高；反之成本越高，效率越低，所以，在成本大于零时，不同的产权安排意义重大。他认为，损害具有相互性。例如，一个诊所相邻一个高噪声工厂，传统上判断后者侵犯了前者的利益，应由工厂赔偿诊所，或工厂迁移，自担费用，或诊所拆迁，工厂付费。总之，不管采取什么办法解决问题，全都本着有利于诊所的原则，现在，科斯打破传统认识，认为工厂停工、搬迁等利益也会受到损失，那么产权就不一定界定给诊所，即诊所不一定拥有不被噪声打扰的权利，工厂也不一定没有释放噪声的权利，到底产权界定给哪一方，要权衡成本收益。如果工厂因发出噪声而带来的收益大于诊所因噪声而受到的损失，则产权给工厂，消除噪声的费用由诊所承担；反之，产权给诊所，消除噪声的费用由工厂承担。可见，产权安排的目的是获得社会总收益最大，这也是其资源最优配置的含义。

在交易费用为零的情况下，外部性内部化可以依托市场制度，由产权界定清晰的市场主体自己自愿解决：产权如何界定就无所谓了，即对资源配置没有关系，如工厂污染了河流，无论谁赔偿谁，工厂还是生产，河流还是要治理。资源最优配置的结果一定，产权不管怎样配置都不产生交易成本，所以，产权怎样配置也就无所谓了。

其间有很多问题：

其一，有一个谁承担外部性解决的费用问题。实际上，谁也不会愿意承担这笔费用，怎么会有所谓的自愿解决呢？设想一栋企业的大楼玻璃向旁边的居民楼反射强光，居民提出解决这个问题，如果产权给居民，即居民有不受妨碍的权利，则企业就得承担解决费用，比如安装一种弱化光线的设施；如果产权界定给企业，则居民就得承担设施费用，这样不同的产权安排对双方利益的影响显而易见，这与有无谈判等费用无关，怎么会有所谓的自愿呢？！所以，科斯的上述说法忽略了分配问题。他自己也知道这个问题的存在，科斯在《社会成本问题》中明确指出，不同的产权界定会影响当事人的收入和财富分配，他要强调的只是不同的产权界定不会影响资源配置，但是，这会引起社会纠纷和混乱，使产权安排根本无法落实。

其二，当事人各方的成本收益难以计算。科斯的产权理论主张谁的费用低，就把权利界定给对方，即使不考虑上面的分配问题，即当事人一致同意其产权明晰、注重总体资源配置效率的解决办法，那么在落实这种产权安排时，也会面临各方的成本收益如何明晰和计算的问题。而若做不到明确各方的成本收益，就不能确定谁的成本低、谁的成本高。这样，反过来又不能进行科斯所谓合理的产权安排了，这里面产生了一种无解的循环和思维游戏，所以，科斯的产权安排的设想不具有可操作性。

其三，只强调了眼前的和经济的成本收益，有失狭隘。经济活动的一些损益长期才能显示出来，如河流污染问题，即使眼前的经济收益再多，河流也是不能够污染的，污染后可能再也无法治理。但无论如何，在一定程度和一定范围内制度能够使外部性内部化这一点还是成立的。

制度本应发挥以上功能，但有时也可能失灵，制度失灵即失去了制度的效能，成为无效、低效制度，或者一开始就是无效制度甚至有害制度。

对制度效率从成本和收益角度进行界定，成本一定时，收益大则效率高，收益小则效率低；反之，收益一定时，成本高则效率低，成本低则效率高。成本收益是一种经济学思维方式，而制度属于公共物品，涉及社会政治、经济、文化、军事、教育和宗教等多个方面，为什么单用经济原则呢？是否会犯以偏概全、经济学帝国主义的错误？宏观地看，任何事情都有一个少花钱多办事的问题，不同社会领域的目标和价值观尽管不同，但在资源稀缺的前提下，都会追求资源节约，即为了实现既定的效用目标耗费尽可能少的资源，或者耗费一定的资源要获取尽可能多的效用，有时不计成本实在是无奈之举。所以，从成本收益角度界定制度效率是顺理成章的事。当然，这不等于主张用经济学的思维方式处理任何微观事物。

制度成本是指围绕制度制定形成的调查、会议、设计、组织、维持、实施和监督等各项费用的总和。由于成本一般是各种客观的可计量的资源耗费，但当事人就时间等因素也难达成一致，所以，在成本上不同的效率评价主体往往不会取得共同意见。制度收益是指其激励约束度，具有不同价值取向的不同效率评价主体之间必然存在制度收益的不同感受，所以，在收益问题上也将不能达成共识。所以，制度效率本身就是一个难以把握和落实的概念，不容易进行评价，这是导致制度失灵的根本原因，但又不能没有任何标准，模糊的好像也比没有好些。在运用中，只能做到尽可能地准确，从哲学角度讲，没有任何绝对清晰的东西。

制度有没有功能作用、效率高还是低在认可制度效率概念的前提下取决于以下制约因素：

第一，制度设计有没有问题的针对性。问题导向的制度设计主要是针对存在的问题及如何解决这些问题而进行的，问题和矛盾表现最突出、最紧迫的地方，往往是制度创新的生长点，如以成本为导向、以行为为导向、以素质为导向、以市场为导向等，这种设计思路是由已经出现的问题牵引的，似乎是事后被动的，但确实具有很强的针对性和时效性。它与理想导向相对应，理想导向根据从理论角度设计的理想制度进行制度创新，具有前瞻性，能够防患于未然，适合解决重大的问题，如国际金融危机是长期市场缺乏合理调控所导致，如果能有理想导向的制度设计，就可能大大降低危机程度，但理想导向不适合眼前具体问题的解决。

第二,制度设计有没有抓住问题的要害。问题的要害即问题的核心、问题的真正所在,要抓住问题的要害就应学会去粗取精、去伪存真、由此及彼和由表及里,将知识筛选延伸。

第三,制度结构是否合理。制度结构即构成制度整体的各个组成部分及其相互关系,这些组成部分是更为细化层次的制度。结构是功能的基础,不同的结构产生不同的功能,各项具体制度安排之间,如果相互协调和匹配,则整个制度系统就能够发挥最大的功效;反之,若相互掣肘,则会形成内耗,降低制度的整体功效。制度结构中单个制度安排的结合状态有三种情形:制度耦合、制度冲突与制度真空。①在制度耦合下,制度结构内的各个单项制度共同指向其核心功能,彼此之间有机地结合在一起,它们之间不存在互相冲突和抵制,使制度整体功效得到最大限度的发挥。那么,如何实现单项制度耦合的理想制度结构状态呢?依靠单项制度之间的斗争和妥协。每一个单项制度都有其背景、利益和目的,各单项制度在这些方面既有一致性又有矛盾性,矛盾使它们斗争,一致使它们妥协,但最终会采取合作姿态,因为一味地斗争将不会有任何一方的胜出,彼此在谋求自己利益的同时,充分照顾对方利益才是共赢,协调就是这样的产物,耦合的实现是一个动态过程。

制度真空即制度结构中缺失能够制约和规范某些行为的单项制度,造成了制度功能的漏洞。导致制度真空的主要因素有:①时代变迁。时代变了,旧制度没有破除,新制度没有及时跟上,就必然出现制度真空带,如当前社会就业容量有限,许多年轻人失业,但是,他们无法在现有的制度框架内享受到社会保障,传统的社会保障一般针对的是年龄大的人员。②有限理性。③利益博弈力量的对比可能使优势方逃避规制。

制度冲突是指各个单项制度作用方向不一致、对于同一制度对象的规定互相抵触,造成人们无所适从、行为紊乱,制度将失去其公信力。

---

① 张雪艳:《新制度经济学研究》,白山出版社 2006 年版,第 92 页。

第四，实施机制是否健全。机制不同于制度，机制是指机体的构造、功能和相互关系，制度如前述指行为准则，机制是部分，制度是整体，机制使制度得以运转，如市场是一种制度，竞争、供求和价格等是其中的机制，它们是市场的驱动器，如果机制不完整，制度功能就会扭曲，没有竞争的市场是无法正常运行的，所以说，制度的功效受制于机制。

第五，制度设计是否随情况变化及时进行调整。制度使事物从无序到有序，制度调整则使事物从低级有序到高级有序。制度调整就是要在尽可能低的制度耦合成本下，随着原有制度背景的改变而不断打破原有秩序，与外界保持物质、能量和信息交换，及时提高单项制度及其结构的能量，最根本的目的还是使制度更加行之有效。

制度失灵可能产生于多种原因。我们认为，其中的根本原因是缺乏员工正确释放自己私有信息的条件。要让员工围绕组织的利益来使用自己的私有信息，其中重要的一条是允许制度空间的存在。制度空间能够缩短人的行为方式及其理想模式之间的差距，人们的行为总是与理想存在差距，这是因为人的行为状态是多种因素长期的综合作用的结果。而各种因素又不是齐头并进的，理想要求整齐划一，这样就产生了参差不齐和整齐划一的矛盾，结果是有的行为符合理想，有的行为远离理想，这种行为方式的现实与理想的差距往往成为人们苦恼的根源。其实，认识到差距的根源有助于更加积极地寻求问题的出路。制度空间就是这样一种出路，它本身就是制度现实和制度理想之间的一段距离，制度空间的设计就是默许人的行为方式与其理想模式之间的差距，在宽松的环境下，人的行为方式其理想模式之间的差距会逐渐缩短，人的天性是思想自由和精神独立，这与我们所受的自控教育并不矛盾。自控也是一种自由，自控以自由为前提，没有自由就谈不上自控，自由实现了，也就能够实现自控。制度空间不仅给人自由，还使人自控，这样，它就不但能够解决人的行为方式与其理想模式之间的差距，还能够和谐人与人的关系，当然也包括市场交易关系。

（三）制度空间

一个组织的生存和发展没有制度不行，制度过于刚性化也不行。制度要求不能太过详尽严格，那样的话，员工没有独立感和工作的刺激感；规则和信任成反比关系，规则越严格，人们越反感。人们之间的关系越是建立在规则的基础上，彼此之间的信任程度就越低。制度要求也不能太粗略，否则将为错误留下较大空间，人们很可能从自身利益出发去理解和执行制度，而偏离组织的共同利益。所以，制度空间必须存在，但必须适度。

制度空间是什么？制度空间不是对制度规定及其精神的偏离，因为制度本身就留有余地，没有细致的规定，这样做是遵守制度，那样做也是遵守制度，都不是对制度的否定、践踏。因此，制度空间也不是有法不依，有法不依造成的是制度失效和扭曲，导致公共资源流失于私人之手、"寻租"行为和社会风气的败坏。制度空间恰好是为了制度的执行和它所维护的公共利益的增进。制度空间不同于制度漏洞。制度空间是有意识而为，是主观设计性质的，是在组织环境不断变化的情况下进行有效管理的需要；而制度漏洞是主观无意识的客观后果，属于消极性状态，它不是有效管理的需要，恰恰是有效管理的阻碍，必须得到治理。总之，两者产生的原因、性质和作用等都有很大差别。

制度空间是规定的灵活性。它没有把要求讲得绝对死板，它大于严格控制的制度空间，小于员工行为的实际空间，既能保证组织对员工的控制，又能发挥员工的积极性。没有一点空间的刚性制度更容易遭到破坏，因为它忽略了对员工的人文精神，组织中人的要素不同于物的要素，人是有精神需求的，而物则没有，要想制度有效，必须重视这样一个事实。制度空间是技术性要求，它使组织系统的成员有权利解决各种即时性问题，从而获取效率。制度空间是组织宽广的心胸，里面装的是员工的自我价值、自我成就感和被组织信任的愉快感，它甚至可以容纳员工小小的私利、容忍员工的错误并鼓励犯错误的人从中吸取教训，如在上班时间发展自己的与组织业务有关联的业余爱好并使用组织的工具和材料，这些活动可能会提高工作效率，这样组织牺牲的是少量的有形利益，获得的却是更多的无形的回报。制度空间是智慧，尊重员工就是尊重组织的能动性要素，就是尊重自己的根本利益。它的弹性不是对员工的放纵，而是信任和尊重。制度空间说的是"疑人要用"，因为用人就需要给他自主权和灵活性，顾名思义，"疑人要用"是指在适当的情况下对有疑虑的人也要大胆使用，给其机会，使展示其才干，在实践中检验人才。事实上，对人才的使用，实践最有发言权，事前的疑虑是正常的，但管理者给人以舞台才能形成准确的判断，这样做是避免用人上的偏见。① 企业高层人员和技术人员作为知识性劳动者，一方面需要制度约束，另一方面更需要制度空间和管理适度，被尊重、被认同的心理愉快感使员工忠于组织，进而围绕组织的利益合理利用自己的私有信息。在这个疑人要用的问题上，"拔了萝卜地皮宽"是要不得的，"拔了萝卜地皮宽"就是排除他人来扩展自己的地盘。实际上，这种狭隘的观念和做法不仅不会"地皮宽"，还可能连已有的利益都会丧失，因为没有人愿意辅佐心胸狭窄、排斥异己的人。制度空间是塑造被管理者人格的特殊工具，它能够把员工培养成压不垮的弹簧人，弹簧人指的是遭遇挫折而能够自信乐观并坚持到底的人，它是一种在惊涛骇浪中浮出水面的复原能力，制度空间之所以能够把员工培养成压不垮的弹簧人，就在于它给予员工自主和自信，这种自主和自信的素养是弹簧人的根基。总之，制度空间有助于私有信息的化解。

以上退货制度和其他补充性契约既是有形的市场制度，又可以成为一种解决信息不对称、实现各种市场诚信交易的制度设计的总的思维方式。这种信息剩余制度的思路实质上是制造了一种制度空间，让拥有优势型私有信息的主体自己做出制度框架内的选择。

---

① 张俊杰编著：《给经理人每天看的管理学》，中共党史出版社 2010 年版，第 65 页。

第四章 信息剩余理论的应用性研究
——劳动力市场分配问题

如果说"基于信息剩余理论的制度建设"是为了信息剩余理论本身的践行,那么这里将探讨信息剩余理论的运用。当然,这种运用性研究要限制在与市场诚信治理问题紧密相关的信息结构视角下初次分配失衡的必然性及其化解路径。

第一节 初次分配失衡的必然性

一 马克思劳动价值论与初次分配失衡的必然性

国民收入初次分配事关社会经济的稳定发展,在市场经济条件下具有其发生的必然性。人们曾经开出了各种政治的、经济的、法律的和伦理的药方,本书则从信息结构及其调整入手,解析初次分配失衡的必然性,并给予微观和宏观角度的化解路径。

信息结构视角下初次分配失衡具有其必然性。马克思主义经济学认为,劳动创造价值,资本所有者的利润是剥削性质的,即是支付工资以外的那一部分劳动的创造物,而且在新价值 $v+m$ 中,由于资本有机构成 $c:v$ 的不断提高、等量资本中 v 的比例不断降低,资本所占比例 $m/v+m$ 便越来越高于工人所占比例 $v/v+m$。这样,劳资之间的收入鸿沟在资本主义制度范围内是无法超越的。

现代市场经济中,资本发挥着巨大的作用,却一直背着一个剥削者的精神重负,同时资本要素的现实收入也难以得到令人信服的说明。利润得自资本家劳动的说法被认为是混淆了生产和分配、价值和使用价值，资本要素的实际所得往往被看成是生产与分配的分离造成的，生产不等于分配，生产者不一定获得自己的全部产品，非生产者也可以获得部分产品。资本作为非生产者为什么会分得一部分价值呢？按照我们以前的理解，资本是使用价值的直接生产者之一，而使用价值是价值的物质承担者，所以，资本间接地为价值的生产贡献了力量，因此可以分享利润部分。其实，在二次分配中，通过政府财政中介，生产与分配是可以分离的，生产者必须让渡部分利益给非生产者，非生产者也可以获得非劳动收入。但是，在一次分配中就说不过去了，在初次分配中通行的是得有所依，没有直接贡献者是不能获得收入的，作为使用价值的生产者，资本却直接分得非其生产的价值，这是不合经济逻辑的。

其实，资本所有者也以选择投资方向和经营者等形式付出了自己的辛劳，而且是一种复杂的脑力劳动，是一种广义的劳动，这种劳动是在直接生产过程开始之前的劳动，我们可以称其为宏观劳动，工人的劳动是狭义的、在直接生产过程之中的劳动，我们可以称其为微观劳动，经理人的劳动也是一种微观劳动；宏观劳动和微观劳动作为活劳动共同创造价值，一个获得利润、一个获得工资。在封建社会的生产关系中存在严重的政治压迫，封建主与劳动者之间不是市场经济的自由平等的契约关系，其所得来自强迫原则，所以仍然是剥削性质的。

这个结论可以就此卸掉资本精神上的枷锁，使资本昂首挺胸地投身到市场经济中，并且其现实收入也得到了合理的说明。以此类推，土地等生产要素所得也都具有劳动基础了，这样，岂不成了要素价值论？按照本书的分析，更确切地说，应该叫作要素劳动价值论。马克思当年批判的和当代理论界所说的要素价值论与本书的意思不同，它是指各要素直接创造价值。本书所说的要素劳动价值论强调的不是要素直接创造价值，而是指要素所有者的劳动创造价值，要素的作用只能发挥在直接生产过程中，它们能够直接创造的只能是使用价值，不能创造价值，其既有价值是通过劳动转移到新产品中去的，可见，要素价值论和要素劳动价值论这两种说法是不一样的。马克思主义认为，要素与要素所有者相表里，要素是要素所有者的物化、要素所有者是要素的人格化，要素所有者的劳动创造价值，还不就是要素创造价值吗？要素与要素所有者相表里的认识没有区分宏观劳动和微观劳动，没有区分狭义的劳动和广义的劳动，在直接劳动过程即各种生产要素直接结合之前，应该突出的是要素所有者，作为经济主体，他需要进行投资抉择，付出了一定即时的、活的劳动，当然，付出劳动不一定获得剩余，在实际经济关系中，他所得到的剩余即利润另有其因，下文将进行分析。在直接的劳动过程中即各种生产要素直接结合时，应该突出的就是要素了，作为被加工的材料、被使用的工具，它们是被动的、是过去的劳动，只能被活劳动用来转移其价值，活劳动则创造新价值。也就是说，要素所有者与要素还不能够完全等同，一个是具有能动性，另一个是只能被人加工利用。

资本宏观劳动说一点也不违反马克思主义劳动价值论。无论是微观劳动还是宏观劳动，都是活劳动，只有活劳动的付出才能够生产出新的产品，而生产资料无论是劳动资料还是劳动对象，它们作为人们过去劳动的结晶，其价值只能被转移到新产品中。

二 信息优势者分余

资本宏观劳动说坚持马克思的劳动价值论，资本获得剩余的奥妙在于它是各要素中间的信息优势者。整个生产的组织者、中心签约人，如果不占有优势信息，也就不一定充当剩余索取者，硬要充当的话，只能遭受经济上的损失；比如出租车行业、货运行业，一般都应该设计这样的产权结构：资本所有者获得一个固定收入，而司机收取剩余。可见，"所有者分余"的实质是"信息优势者分余"，所有权不再意味着剩余索取权。信息是指事物运动状态及其属性标志，是客观世界三大要素之一，是另外两个要素即物质和能量的表现形式，物质赋予人类所创造的工具以形体，能量赋予工具以活力，信息则为工具注入智慧，司机能够即时了解车辆运行情况，也就是事物的运动变化状态信息集中于他，所以，他最适合拥有剩余索取权。古典企业中，资本作为各要素中间的信息优势者，从其经济人本性出发，必然加大自己在新价值中的分配比重，而生产资料等各要素在信息上没有讨价还价的力量，只能得到一个较小的份额。

"信息优势者分余"，也就是信息集中者，他获得剩余资格是有其前提条件的。教师等知识劳动者虽然拥有一线工作的知识信息优势，但每个单个的教师并不对"学生产品"的总体情况负责，在这种产品分工合成的情况下，"信息优势者分余"无效，所以"信息优势者分余"的前提条件是：第一，具有信息优势，也就是具有私有信息；第二，拥有集中性、整体性信息；第三，对产品负有全责。信息优势分余者倒也不一定，比如，像司机那样只是一个人，但人数也不能像教师那样多得无法选择出可以负责产品者；古典企业中的工人虽然大多是体力劳动者，但也多少怀有操作上的私有信息，却不能分余，因为他也只是复杂分工关系中的一员。今天的知识经济或信息经济是指生产经营过程中更多地使用知识或信息，更少地使用物质和能量。一般来说，知识信息越多，他在生产关系中的地位越高，所分得的收入越多。

这种收入分配鸿沟最初属于经济问题，但经济是人们社会生活的基础，很容易演变成社会问题，最终酿成政治问题，所以，必须予以化解。

要想真正彻底地解决问题，就必须对症下药，给予各要素以平等的信息权，各种制度设计都必须围绕这个原则进行，才能够取得实效，使各要素在新增价值中各得其所。

第二节 初次分配失衡的化解路径

一 自我人力资本提升的微观化解路径

企业微观劳动者，包括一线员工和管理人员在内的劳动者，尤其是一线员工，与企业宏观劳动者，也就是投资者相对应，他们相对较低的初次分配收入与其人力资本水平低下直接相关，所以，要围绕其人力资本提升，尤其是他们的自我提升形成一种切实的微观化解路径。其中蕴含的主要问题是人力资本水平的形成因素、人力资本与初次分配份额的关系、自我人力资本提升如何化解初次分配失衡、自我人力资本提升的微观化解路径所体现的信息优势等。

微观劳动者人力资本水平低下来自财政结构、家庭和接受教育状况等多方面因素，这里要强调的是其低水平的教育经历，之所以要强调这一点，是因为目前的讨论多注重弱势群体的外部援助，如政府力量、社会捐助和归罪为社会经济体制等，这些因素固然责无旁贷，要解决一个问题也需要系统工程，但在外力一定的情况下，主观因素才是最直接和最关键的。接受系统教育是形成高水平人力资本的最重要途径，教育的缺失无疑使微观劳动者成为低水平的人力资本，这意味着就业竞争力低、工资待遇低以及职位保有、提升率低，其中的关联在于：根据劳动价值论，低水平人力资本属于简单劳动，与知识技能含量高的人力资本的复杂劳动相比，他们创造的财富较少；而真正市场经济中的宏观劳动者的投资活动需要专门的培养训练才能够胜任，属于复杂劳动，所创造的价值较大，同时更重要的是，他们拥有组织调度各种生产要素的信息优势，信息优势者可以利用优势信息为自己谋取优势利益，为了对这种经济信息优势给予激励，就把剩余索取权交给信息优势所有者，这样，宏观劳动者作为资本所有者、复杂劳动者和信息优势者就具有了初次分配中高份额的理论依据。

自我人力资本提升化解初次分配失衡。这种化解功能来自两个方向：其一，提高劳动复杂程度。劳动复杂程度的提高使微观劳动者的产值贡献增加，基于贡献的分配份额自然会提高。企业、行业和社会的教育结构与岗位结构、岗位结构与贡献结构、贡献结构与薪酬结构之间存在虽非一一对应但也具有较高程度的关联。这个途径的效力对于微观劳动者个体更明显。其二，通过阶层间的博弈。作为企业中的一个阶层，与投资者相对应，微观劳动者人力资本具有均化特点，其人力资本的增长只是这种均化在更高层次上的实现，改变的只是其劳动的复杂度，而仅此无法改变他们在整个企业中的分配地位，这时就需要阶层的力量了，根据马克思主义理论，微观劳动者阶层与宏观劳动者阶层的较量都有其平等的权利根据，一个强调对自己所购买劳动力的使用自主权，一个突出自己正常的劳动力恢复权，在平等的市场主体权利面前，决定结果的就是力量对比，批判的武器不能代替武器的批判，物质力量只能用物质力量来摧毁，号召工人走革命的道路。但是，如今时代不同了，阶层也不等于阶级，阶层之间的差异属于人民内部矛盾，和平时期要树立和谐理念，通过新的社会治理，以合作性博弈完全可以解决，不变的是马克思主义的人民群众的立场、不同利益主体之间矛盾的客观性。

调查显示，把农村企业微观劳动者的教育水平与其收入的关系和城市企业微观劳动者的教育水平与其收入的关系进行对比，可以看到，农村企业劳动者教育水平低，收入也低，而城市企业劳动者教育水平高，收入也高。农村企业的劳动者教育水平99%为初等教育，月收入在3000元左右，极少数受过高等教育者的职位或者是基层干部，或者回归家庭，专业荒废；进入基层干部队伍的受高等教育者不但自己的收入得到了保证，而且带动了一方社会经济的发展。城市企业劳动者受教育水平参差不齐，并且不同教育水平的劳动者所能够得到的岗位和收入也明显不同，初等教育者基本全部从事体力劳动，多属于农民工性质，与农村的收入水平相差无几，他们之所以选择城市就业，大多是考虑下一代的良好教育或认可城市的生活工作方式；城市企业受中等教育者，多成为技术工人，甚至中层管理人员，月收入在6000元左右；接受高等教育者在职业性质上比较复杂，一部分与中等教育者合流，另一部分成为企业高层管理人员、工程师和会计师等；一些热门企业如金融企业，对高等教育者进行再次筛选，硕士生和著名高校生才有机会留在市区，收入在二线城市平均可达1万—2万元，而其他高等教育毕业生充其量只能到县级部门，收入也相对较低。在问卷调查和采访过程中，农村居民普遍轻视教育，其消费项目按照由高到低的顺序为：住宅、婚事、日常开销、子女教育、养老，认为教育对于生活质量至关重要者只占采访对象的0.8%；关于对待工资的态度，几乎全都选择被动接受，而不是"谈判、辞职"等，从中可以推论出他们看不到人力资本与博弈能力的关系，所以，其生存状况恶性循环，也是农村现代化的严重障碍。城市居民认为，教育与收入和生活质量正相关者，占采访对象的86.3%。这种城乡状况会进一步拉大其收入差距，也会导致企业初次分配格局的固化。

"自我人力资本提升"的微观化解路径怎样体现信息优势问题呢？自我人力资本提升所带来的微观劳动者初次分配份额的改善，不只依据其劳动复杂程度提高带来的财富贡献增加，而且在于其中的信息结构改变，提高了它们在整个信息结构中的地位，那就是它们对投资者博弈能力的增强。人力资本是各种因素的有机结合系统，除工作技能外，还有重要的理性、智慧、思维方式和伦理技巧等，这些一起合成其利益获得能力。有时人力资本中的非岗位技能部分对于初次分配鸿沟减缓的作用还要大于简单的岗位技能，因为岗位技能只是一种技术和附着于个体微观劳动者身上的单纯力量，而前者则是一种道的力量，并且形成微观劳动者阶层的总体势力。

针对微观劳动者力量的觉醒，目前经济领域出现新情况，即用机器自动化代替人力，尽可能地少雇用工人，这是微观劳动者面临的新的更大的挑战，这从根本上使他们失去了博弈机会，更不要谈提高博弈能力和博弈份额，这种情况超越了企业初次分配的范围，需要成为社会治理的重要议题。下面讨论集中于企业内部初次分配鸿沟问题。

二 多元在场性合作社会治理模式的宏观化解路径

初次分配相对于再分配和三次分配具有至关重要的基础性作用，它基本上确定了一个人的社会经济地位，再分配和慈善等三次分配改变不了他的根本处境，而且相对收入比绝对收入更能够影响一个人、一个群体的情绪变化，所以，对初次产权安排的改革是社会治理第一位的重任，目前国家关于国有企业官员合理收入的规定要比《国有企业领导人员廉洁从业若干规定》具有根本性，这就是针对初次产权安排的突破性的改革。同时，初次产权安排、信息格局受生产力发展阶段的制约，它的状况体现着经济规律的必然性，每个经济主体在社会关系面前都身不由己，其造成的较大收入差距就需要社会治理来抚平。

企业中的各种生产要素所有者，从社会角度看，就是社会上的各个社会阶层，他们各有自己的利益诉求，这些诉求有共同点，也有差异，正是后者埋藏着社会矛盾失序的隐患，古今中外的统治者无不正视，动用的手段既有武力的、政治的，也有文化的、经济的，它们有一个共同的特点，那就是超越于各个利益主体之上进行决策，或利或损，被协调者只能被动接受。皇帝和各级官员也进行调查研究，也适当照顾民间疾苦，但他们的立足点主要在于剥削阶级利益及其政权的稳固，而百姓的根本利益及社会整体的进步则超出了他们的视野。

我国的财政政策承担着再分配的重要职能。其特点是：第一，政府独家决策。第二，属于"管理与被管理"模式。

这种再分配制度容易产生的问题是：地方"寻租"，而不是满足于客观的需要；官员腐败，而不是立足于公正的再分配所涌现的社会秩序与发展；苦乐不均，而不是博弈均衡。

社会治理与以前所有的再分配制度相比，具有根本性的突破，那就是相关利益主体的共同参与，它的决策是一种博弈均衡，是以共同管理模式代替管理被管理模式，属于治理，而不再是治理，即制约式处理。新的社会治理模式最根本的在于各利益主体即时分享信息，是一种平等的信息权安排。当然，作为一个关系社会全局的社会治理方案，它关注的是社会的方方面面，不仅仅是社会收入平衡问题，但这个问题确实是各种问题的基础，经济基础决定上层建筑，生产关系处理偏颇必然影响其他领域，所以是一个基础性的重大问题。

本书把社会治理新路径概括为"多元在场性合作"。具体来说，社会治理新路径可以描述为：博弈与设计—在场性合作—集中决策，三者相互融合，彼此存在于对方之中，博弈与设计是多元主体的在场，是集中决策的前奏；在场是博弈与设计的结果目的，是集中决策的前提；集中决策是博弈与设计的结果，是在场性的集中决策。合作与整合相对而言，传统模式以利益整合、资源整合、组织整合和价值整合等手段应对社会矛盾与社会发展问题，而相关利益者合作是当今市场经济培育的个体意识、利益多样化、国际社会互动、传统文化和中国特色社会主义的结晶。贯穿社会治理新路径的红线是如何安排好利益相关者平等的信息权。

社会治理的发端机制是博弈与设计。企业中或社会上不同利益主体之间的收入差距导致彼此之间的互动决策，这种完全自发的微观的互动过程交织着合作与非合作行为,是市场经济中的"霍布斯丛林"。人类从来没有现实的真正的单独个人的存在,个人总是生存于集体、家庭、部落或者游牧群体的约束下,但我们完全可以把自由市场中的独立利益主体看成是这种状态,这种状态无序的必然性和有序的偶然性能够直接导出法律惯例等制度的必要性,但权力不是交给一个领导者,而是类似一个领导者主导下的共同商议和决策,每一个博弈主体的主动性体现了社会治理新路径中第一个环节上的平等信息权节点。如果说自发性博弈的无序性结果和破坏性成本逼出了多元主体性质的社会治理新模式,那么系统论基础上的顶层设计则是从国家民族社会总体长远利益着眼来实现"中国梦";如果说前者主要是平衡社会利益,那么后者主要就是增进社会利益。

"在场"即面对面商议是新的社会治理的题中应有之义。在场是哲学的一个重要概念,指直接呈现于眼前的事物,即经验的直接性、无遮蔽性和敞开性,这里是指利益主体的在场,实质是指政治信息的在场。调研等决策程序是以前的制度也都含有的,新的社会治理模式针对的是当代社会利益多元化、矛盾复杂化和诉求民主化,所以,面对面商议是其根本特征,只有这种形式才能够保证各个利益主体的主张得到切实的传达和兑现。面对面商议具有级别性、层次性,可以首先从最基层开始,形成一致意见后上报上一级,这样层层递推,直到问题彻底解决,其中的层级越少,效率越高,只有一个层次的情况是效率最高的,在这种情况下,基层的诉求在面对面商议的第一时间就获得了解决。之所以需要层层递推,是因为我国幅员辽阔、人口众多,必然需要分层级管理,上级必然掌握着一定的管理资源。这种方式与传统制度还有一个重要区别,那就是由下到上递推,而不是由上到下递推。这样,有利于保障基层原始问题的真实性;但这种层级制也存在信息传递过程中的信息滞留、遗失、扭曲和漏出,但完全可以设法弥补,它的突出优势在于众人的公共意见好于单纯官员的拍脑袋,其沟通的即时性也使它优越于缺乏沟通的投票制或举手制度。在这种制度下,即使一个人的利益必须做出牺牲也是和谐而有秩序的,而在被决定的制度下,即使一个人的利益增加也会无动于衷,这是基于人的参与心理。面对面商议是社会治理新路径中第二个环节上的平等信息权节点。

新的社会治理模式必须有决策集中制的效率。但不是如以前的制度在相关利益主体背后拍板，而是面对面的定夺，所以，这个环节也贯穿着利益相关者平等的信息权。这种制度有着西方民主制度所没有的巨大效率优势。中国一年就可以铺设数百千米，其内在根据和实体性力量来自对狭隘本位利益的扬弃，来自全社会整体利益和中华民族伟大复兴的出发点与归宿点，这是中国特色社会主义之至善。我国农村的先进典型也印证了这个理念。华西村、大寨村和韩村河村等著名社会主义新农村无不是有力诠释，其共同要素是：一心为公、能力卓著的带头人，群众商议，集中决策，面向市场经济规模化分工生产经营，利益均衡，社会全面发展，其中集中决策是效率的关键。这种形式实行层级式的面对面商议，所以不是传统的、代为投票而不进行沟通的间接民主，同时它又不是所有人同时一起商议，所以也不是绝对的直接民主，直接民主在雅典那样小国寡民的时代可以，但在庞大规模的国家则难以行得通。需要格外强调的是，集中决策者的决策必须依照法律精神。

这种多元在场性民主集中制具有直接民主和间接民主的双重属性，一方面，主体的在场性展现于各个环节，体现着直接民主；另一方面，其中的层级性使这种模式具有代议性质，体现着间接民主，但总体上又是直接民主和间接民主的有机统一。

上述对于新的社会治理模式的理解更多的是倾向于政体维度，政体可以是多种多样的，亚里士多德早已阐述了政体多样化与政体分类原则，中国特色社会主义政体——人民代表大会制度需要具体探讨落实。

"多元在场性合作社会治理模式"对于国民收入初次分配失衡可以采用的治理思路主要有：

第一，确立信任基础。没有信任，就没有合作，政府信任和社会信任缺失及其叠加效应会导致合作脆弱，并最终架空社会治理。在一定的社会经济前提条件下，意识的东西还要靠意识来解决，因此，重视信任工作，对各方晓以利害就能够建立起协商合作型信任的根基。

第二，组织会谈。会谈者包括资方、劳方、理论工作者、媒体和社区居民等，综合市场和成本等多种因素，合理提高劳动者工资待遇，规定最低工资水平，形成法律约束，使之成为市场外的一个强有力的抗衡机制。

第三，抑制生产过程中的强势集团。强势集团的目标往往不是缺乏盈利，而是追求尽可能多的利润，是企业初次分配失衡的积极制造者和关键主体，抑制他们的不合理行为必不可少，包括文化、法律和行政途径等。

第四，提高微观劳动者工作技能。初次分配失衡的一个重要原因是微观劳动者缺乏市场就业竞争力，职业替代率高，谈判基础弱，提高其技能是一种有效的对策。

第五，加强企业主流文化培养。共同的文化、思想、情怀有助于打通各阶层的社会空间，社会空间与自然空间相对应，企业里自然空间都是社会化的，同样的自然空间，不同文化层次的人占据，则使其具有不同的社会意义。如果同一个自然空间同时回荡着夹杂多种文化，那么这个空间的和谐就会受到威胁，而不同的自然空间以相同或相似的文化填充却会使其如同一个自然空间，因此，以一个意识形态的最大公约数即社会主义核心价值观来作为企业主流文化，企业空间就会充满和谐。

以上思路指向微观劳动者的初次分配收入提高，并且自始至终贯穿着直接的、连续的和流变的信息分享。

第五章 信息剩余理论的应用性研究
——农民工市场问题

下面通过价值剩余、产权剩余和信息剩余的比较研究，说明农民工人力资本的提升能够提高其在就业市场上的讨价还价能力，实现诚信对等交易，还用于说明类比的政治性市场——社会治理中的诚信治理问题。

第一节 价值剩余、产权剩余和信息剩余比较研究

价值剩余、产权剩余和信息剩余思想分别源自马克思、巴泽尔和笔者创设，它们彼此之间联系广泛却又存在多维差异，这种比较研究具有生动的现实意义和新颖的理论意义。三个剩余理论通过收入机制对农民工市场能力的改善和社会治理体制的创新给出了独特诠释，理论意义上表现为马克思主义资本逻辑与信息逻辑关系的提炼，资本逻辑突出的是生产资料私有权基础上的劳资之间的经济不平等关系，信息逻辑强调的是信息力量对利益分配的决定作用，对现实经济问题的说明需要两种逻辑的协同合作。

马克思的剩余价值理论和巴泽尔的产权理论中都蕴含着剩余思想，笔者提出的信息剩余与这些重要理论密切相关，因此，拟做一些比较研究，以厘清其间的关系，为现实经济现象提出一种综合性诠释。

一 价值剩余、产权剩余和信息剩余三个概念的诠释

价值剩余即剩余价值，根据马克思劳动价值论，抽象劳动新创造的价值是 v+m，但劳动者只得到其中相当于工资的部分 v，而 m 则成为资本家的剥削收入。

产权剩余取自西方产权经济学家巴泽尔（Y. Barzel）的公共领域，是指产权未被清楚界定的资产的属性，在其名著《产权的经济分析》中，巴泽尔阐述了产权界定的非完全性，认为在产权完全界定和无界定的理论极限之间，更现实的产权状况是一定程度上的界定，这种产权界定的非完全性产生于产权清楚界定的非经济性、人们对某些资产属性的忽视和某些资产属性市场价值的变化，那些产权没有被清楚界定归属的资产属性、被人们忽视的资产属性和升值了的资产属性就落入了公共领域，我们把巴泽尔的这种公共领域称作产权剩余。

信息剩余是指交易一方所拥有的另一方所不具备的非对称性信息，是一个交易者之间的相对性概念。从绝对意义上讲，每一个交易主体都受制于自身的有限理性和客观事物的不确定性，都不可能获得完备的信息，所以，信息剩余概念与巴泽尔的公共领域不同，后者是就一种产权自身而言的，不具有相互比较的相对意义。

二 三个概念的多维比较

价值剩余、产权剩余和信息剩余既有相同的因素，又在许多方面有差异。

（一）共性因素

三者间的相同点表现为：第一，都属于一种利益空间。它们不是价值量、产权属性和信息维度的全部，正是这种剩余的存在及其追逐形成各种经济活动的动力源泉。第二，都具有客观必然性。价值剩余服从于生产力和生产关系的发展规律，是资本主义生产关系下所特有的，本书研究中等价于剩余价值，其他社会形态下的价值剩余具有与资本主义各不相同的归属；产权剩余来自产权界定的技术上的复杂性和完全界定下所导致的成本收益不对称的非经济性；信息剩余产生于信息的编辑传输会带来信息的扭曲流失这种技术性原因，以及相关主体之间信息地位的不平等。第三，都注重于一种主体间关系。价值剩

余体现的是劳资关系，产权剩余反映的是产权公共领域的各种攫取者之间的关系，信息剩余表现的是拥有不同信息的各相关者之间的关系。

（二）多维差异

三个概念之间的关系更多地表现为差异性。具体来说，主要有以下差异：

第一，根据不同。价值剩余的根据是劳动价值论，只有首先承认劳动创造价值，才能分析出商品中不变资本和可变资本之外的剩余价值，即剩余价值论以劳动价值论为基础；产权剩余的根据是产权完全界定的技术上的不可能性和完全界定下所导致的成本收益不对称的非经济性，这样才会产生一些产权属性所组成的公共领域并成为众人争夺的对象；信息剩余的根据是信息的编辑传输会带来信息的扭曲流失这种技术性原因，以及相关主体之间信息地位的不平等。

第二，反映的关系不同。价值剩余反映出劳资之间不平等的经济关系，是一种奠基于生产资料资本主义私有制基础之上的不同阶级之间的剥削与被剥削关系；产权剩余反映的是各个权利主体之间针对同一对象的平等关系，即对于这种产权剩余，也就是对象属性难以清晰完全界定的公共领域拥有相同的索取利益的权力；信息剩余反映了基于信息不对称的信息地位不平等关系，这种不平等关系的结果是不同的获益权。

第三，作用不同。价值剩余是资本主义经济关系的支撑，而资本主义具有比较封建主义的历史进步性。产权剩余这种公共利益的存在促使人们进行合作协商，有利于造就集体精神。信息剩余形成卖方和买方之间、卖方之间竞争的基础，每个卖方都争取获得更多的交易信息，以图更多的获利空间，每个买方也会力求更多的交易信息，以减少支付，相对而言，买方之间没有什么动力获得并保有交易私有信息；相反，他们之间常常相互告知有利于对方的交易信息，因为他们之间不存在利益竞争关系，当然，这是以目前普遍的买方市场为前提，如果哪个市场是卖方市场，买方之间也会出现隐藏信息的行为。

第四，影响不同。价值剩余这种制度状态造成了劳资之间的不平等，会挫伤劳动者的积极性，劳动者的劳动是一种无奈的自愿；产权剩余所形成的公共领域会降低资源的利用效率，为了得到更多的公共利益，人们往往产生"寻租"行为，过多地进行分配性的努力而不是生产性投入；信息剩余使信息优势者损害信息劣势者的权益，妨碍契约交易的公平性。

第五，化解方式不同。价值剩余的化解要靠整个资本主义生产关系的消亡来解决，要变资本主义生产资料私有制为社会主义生产资料公有制；产权剩余要仰仗对公共领域的管理强化来化解，随着技术和制度的进步，能够清晰界定其归属的产权属性增加，成本降低，公共领域也就会不断缩小，如价格双轨制的取消使诸多价差利益消失，污染测量技术会减轻污染公害；信息剩余的化解要围绕交易主体之间信息的平衡化来进行，如科学的房屋面积测算技术及其在交易双方之间的公开使用，改变卖方单方面的面积给定格局，也可以进行由信息优势者承担信息剩余的制度设计，如退货制度等。

第六，理论整体着眼点不同。马克思政治经济学中的价值剩余理论着眼于资本主义制度的历史暂时性和社会主义制度的必然性。巴泽尔的产权剩余是要揭示产权运行的现实形态，即要说明现实的产权是一种博弈均衡，而不是产权完全界定或清晰界定完全不可能的简单假设，他主张的实质是改变这种整体思维，把目光从一个对象的整体产权界定移至这个对象的诸多属性，在这些属性中，有的可以清晰界定，有的则不能。笔者所创造的信息剩余源自市场治理的需要，要想市场交易具有公平性，就要设法平衡交易主体之间的信息非对称性，交易的非公平性追踪到个体，就会发现，是信息占有上的差异，这是一种原子论式的个体主义分析方法，区别于有机论的整体主义思维方式。信息剩余自始至终强调的是交易主体之间的信息关系，同时，信息剩余和产权剩余的关系也可以理解为前者以后者为其基础，正是因为客观上存在产权对象属性界定的非完全性，才会出现交易主体之间的信息不对称，还可以把信息看作是产权对象的属性之一，不过还是要看到信息剩余概念对交易主体之间信息关系的强调。

三个概念虽有宏观与微观、整体与个体等诸多不同，但互不取代。

第二节　三个概念及其比较研究的意义

价值剩余、产权剩余和信息剩余三个概念的比较研究具有生动的现实意义和新颖的理论意义。

一　三个剩余、农民工消费结构与农民工人力资本提升的相互促进

（一）三个剩余通过收入机制对农民工消费结构的增进

农民工不只是在城里务工的农民，还应包括在农村务工的农民，他们实际从事的是工业，但身份依然是农民，即在思想观念、生活习惯、社会风俗、土地承包、农活参与和社会保障等各个方面主要还是农村社会情形；农民工尤其是年青一代农民工是当前城乡社会建设中的一支主力军，所以，他们的经济行为如同其消费结构应当受到格外的重视。农民工的消费结构与农民的消费结构是有区别的，主要是加进了许多现代化的、城市化的消费元素。农民工的产权结构也更加复杂，从产权对象看，既有主要的生产资料土地产权，也有人力资本产权，还有劳动权和社保权等；从产权运行看，有产权获得、产权流转和产权维护等，三个剩余对农民工消费结构的增进要通过中间的收入机制，价值剩余、产权剩余和信息剩余分别以奖金形式、土地等产权公共领域的缩小和高于劳动力价值的工资形式来增加农民工收入，奖金从理论上讲应该是剩余价值的一部分，常常被采用来作为一种激励手段，目前农民工的土地产权和社保权等经常遭到低价征用和拖延瞒报等各种形式的侵占，人为造成了过多的公共领域，其缩小无疑有利于农民工收入总量，而总收入的增加是消费结构改善的重要通道，高收入者的消费没有后顾之忧，消费层次高，其消费品种数量会增加，衣食等生存性消费减少，教育保健等发展性消费增加。农民工收入增加与其消费结构改善之间的正相关关系如下表所示。

农民工收入增加与其消费结构改善关系　　　　　　　　单位：元

指标	2004年	2005年	2006年	2007年	2008年	2009年	2010年	2011年	2012年	2013年
农村居民人均工资性纯收入	998.5	1174.5	1374.8	1596.2	1853.7	2061.3	2431.1	2963.4	3447.5	4025.4
农村居民人均生存性消费（食品）	1031.9	1162.2	1217.0	1389.0	1598.8	1636.0	1800.7	2107.3	2323.9	2495.5
农村居民人均生存性消费（衣着）	120.2	148.6	168.0	193.5	211.8	232.5	264.0	341.3	396.4	438.3
生存性消费总和	1152.1	1310.8	1385.0	1482.5	1810.6	1868.5	2064.7	2448.6	2720.3	2933.8
农村居民人均发展性消费（文教）	247.6	295.5	305.1	305.7	314.5	340.6	366.7	396.4	445.5	486.0
农村居民人均发展性消费（医疗）	130.6	168.1	191.5	210.2	246.0	287.5	326.0	436.8	513.8	614.2
发展性消费总和	378.2	463.6	496.6	515.9	560.5	628.1	692.7	833.2	959.3	1100.2

注：农村居民人均工资性纯收入主要来自农民工收入，所以它可以代表农民工收入情况。

资料来源：国家统计局。

对数据做"农村居民生存性消费总和与其人均工资性纯收入"之间的回归分析，得到回归方程1：

$Y = 587.467 + 0.607X$

t　11.413　28.209

p　0.000　0.000

$\overline{R}^2 = 0.990$　　　　$F = 795.769(p = 0.000)$

式中，Y代表生存性消费总和；X代表农村居民人均工资性纯收入；t值远大于2，说明系数参数显著性强；p值小于0.01，说明分布情况良好；$\overline{R}^2$值趋近于1，说明因变量与自变量之间具有显著的拟合度；F 值说明整个方程的显著性强，因此所得到的回归方程整体合理。农村居民人均工资性纯收入每增加 1 元，其生存性消费则增加 0.607 元。

对数据做"农村居民发展性消费总和与其人均工资性纯收入"之间的回归分析，得到回归方程 2：

$Y = 158.352 + 0.23X$

t 9.607   33.408

p 0.000   0.000

$\bar{R}^2 = 0.993$ $F = 1116.084$ $(p = 0.000)$

与上述统计检验解释相同，所得到的回归方程整体合理。农村居民人均工资性纯收入每增加 1 元，其发展性消费则增加 0.23 元，小于上面农村居民人均工资性纯收入每增加 1 元，其生存性消费则增加的 0.607 元。这是否说明随着农民工收入的增加，发展性消费低于生存性消费呢？答案是否定的，这样的数据对比只能说明农民工的收入总额还是较低的，此时其恩格尔系数较高。并且通过生存性消费年均增速和发展性消费年均增速的对比，就会发现新的情况，对表中数据进行计算可得到农民工十年生存性消费年均增长 10.94%，而发展性消费年均增长 12.59%，发展性消费增长快于生存性消费增长，这说明随着农民工收入的增加，农民工还是会改善其消费结构，因此要改善农民工的消费结构，增加其收入总额是一条重要途径。

其间的逻辑进程是：三个剩余利益—总收入增加—消费信心递增—农民工消费结构改善。

（二）农民工消费结构改善有利于其人力资本提升

由于农民工总体上属于社会低收入阶层，所以，上述总收入的增加不会降低农民工的消费倾向；相反，高收入群体的消费倾向反倒呈现长期下降趋势。消费倾向是指消费占收入的比例；边际消费倾向是指新增消费与新增收入的比例。低收入群体的消费是被压抑的，一旦其收入增加，消费会较快增加；而高收入群体的消费已经满足，随着收入增加，消费也不会较多增加，所以会出现高收入群体的消费倾向反倒呈现长期下降趋势，而低收入群体的消费倾向反倒呈现上升趋势的情况。其间的逻辑进程是：农民工消费结构改善—消费倾向递增—人力资本提升。

（三）农民工人力资本提升有利于其三个剩余利益增进

农民工人力资本提升表现为其思想文化水平、专业素养、社会认知和眼界视野的拓展，这些因素可以概括为产权能力的提高。产权能力是农民工人力资本提升到三个剩余利益增进的中间机制，产权能力体现在产权获得、运行、收益、处置和维护等产权的各个环节，产权能力的提高将加大产权主体的产权跨度，增强产权运行控制，丰富产权运行方式，增加产权收益，促进产权处置的自主高效，明确产权维护意识。总之，将提高其产权地位，在价值剩余上将可能通过分成制等产权安排得到部分资本性收入，在产权剩余上缩小自己产权的公共领域，使自己得到产权收益的一个更大比例，在信息剩余上通过信息地位的提高获得尽可能多的超过工资以上的信息性收入。其间的逻辑进程是：农民工人力资本的提升—产权能力—产权地位—三个剩余利益。

农民工人力资本提升有助于其市场地位的改善，包括就业技能和谈判能力等，这些方面在很大程度上可以制约雇主的欺诈蛮横。

二 三个剩余理论对社会治理体制创新的诠释

社会治理体制是指社会治理机构设置、权限划分及其关系安排。社会治理体制创新主要表现在治理主体、治理机制和治理目标等方面，治理主体创新即多元化可以从信息剩余的客观存在得到解释，传统的单一政府依赖型或曰大包大揽型在治理主体和治理对象之间呈严重的信息不对称格局，单一治理主体的信息剩余比较多，这对于其他社会主体是一种公平价值上的损害，把传统模式下的治理对象变为现代模式下的治理主体便可以大大缓解这种局面，新媒体时代信息的高效流动与交融也对这种信息剩余局面提出了重新安排的要求；治理机制创新即协商协调协作机制可以从产权剩余得到解释，任何一个治理客体的属性都难以完全清楚地界定其归属，所形成的公共领域成为多方争夺的焦点，要维护人类所需要的团体性，就必须设法避免这种争夺对人类团体性的伤害，而协商、协调、协作机制的"三协"恰恰是基于产权剩余的一个良好机制。价值剩余可以用来说明治理目标创新即实现人民富足幸福、国家安全繁荣和社会有序进步。传统社会管理多强调国家利益，政社不分，所持为哲学上的整体有机论，对于个体利益较为忽视；现代治理目标创新则是有机论和原子论的综合，全部的价值剩余要在人民、国家和社会之间统筹兼顾。

社会治理中很重要的一部分就是治理主体的诚信治理，传统的单主体、手段生硬和利益自留的方式终将被淘汰，其中的一个重要实现枢纽就是信息平衡，党委领导、政府主导、信息技术支撑、多主体参与的现代社会治理追求的是推动和适应社会进步的共同利益。

三 对现实经济问题诠释和引导的路径拓宽

这里既有对现实的解释，也有对现实的引导，三个概念无论哪一个都从不同视角对现实做出了自己的理解。价值剩余是对社会制度整体性的解释，让我们看到分配不平等的生产资料所有制根源，人和人之间的彻底平等寄托于公有制的实现；产权剩余思想以既定的生产资料所有制为前提，对具体的产权安排给予微观的产权对象属性层次的洞察，看到了其间的利益博弈；信息剩余以信息力量对比的独特思维方式诠释经济主体之间的利益关系基础，通过表面的显性市场平等竞争的制度安排，发现隐藏着威力强大的信息因素，揭示了更加微观和微妙的利益差异实现机制，并为利益的公平交易提供了信息平衡的化解思路。

三个概念对现实的解释各有所用，大量的现实劳资关系逃不出马克思的深邃眼光，为什么劳资之间的收入差距那么大、为什么资本面对巨额利润还要裁员，等等，这些问题都可以从马克思所揭示的资本的贪婪本性获得说明，更重要的是他解释了现实中广泛存在的所有者分余现象。产权剩余适用于解释大量的公共产权现象，如道路和国防等公共产品的实际使用权不均问题，以及楼道的公共空间常常被个别住户所抢占等问题。当然，这里不能反过来说，凡是公共产权都是由于产权剩余不可避免，有的公共产权并非技术上和经济上不能够清晰界定，而是其他的缘由所致，如价值观的原因，最根本的是生产力；信息剩余对于出租车行业所有者获得固定收入、司机得剩余的制度安排具有独特的解释功能,这是一类信息优势者分余的现象。

四 马克思资本逻辑与信息逻辑的关系

理论意义主要表现为马克思主义资本逻辑与新提出的信息逻辑的关系。

三个概念的提炼提出增加了经济学分析的概念工具,其比较研究通过把自己的思考与马克思经济学理论和西方经济学家的思想相联系而丰富了产权理论和市场治理理论等。信息优势者分余会不会颠覆所有者分余的传统理论,也是一个重大的理论问题:到底应该如何处理资本逻辑和信息逻辑的关系。按照资本逻辑,资本是一种生产性逻辑,是生产中围绕生产资料所有权体现的人和人之间即资本家和工人之间的剥削与被剥削关系,资本逻辑包含着资本主义社会的基本矛盾,即社会化大生产与资本主义生产资料私有制之间的矛盾,这个矛盾表现为个别资本家生产的高度计划性和整个社会生产的无政府状态之间的矛盾,以及资本出于内在利润贪欲、外在竞争压力而无限扩大生产与工人有支付能力的需求之间的矛盾,这些矛盾会激化为经济危机,并导致社会危机,最终在无产阶级革命的冲击下,突破资本主义制度框架而得到彻底解决。现实中,资本逻辑中的 $m/v+m$ 越来越大于 $v/v+m$ 的不等式受到现实信息逻辑的冲击,按照信息逻辑,经济关系中的制度设计应由信息优势者收取剩余,资本所有者作为信息弱势一方,反倒拿一个商定的固定收入,信息优势者的剩余性收入往往大于资本所有者的固定性收入,这种现象与上述传统的资本逻辑呈现为一种悖论。信息逻辑是一种分配性逻辑,是分配中围绕信息力量对比体现的人和人的关系,信息优势者的高收入来自其信息地位上的优势,即他拥有资本所有者所不具有的、制约收入总量的信息,可这种信息逻辑又违背了资本逻辑,信息优势者的高收入本质上还是来自其劳动的付出,如果没有劳动的支付,资本所有者是不会允许他获得收入的,同时,资本所有者的固定收入本质上仍然是剥削收入,因为他没有支出劳动,他在与生产资料的结合之外获得收入,所凭借的实质上仍是生产资料所有权。

如果把资本逻辑纳入信息逻辑,传统的资本分余理论就要被解释为：资本分余之所以通行，并不在于资本所有者是生产资料所有者，而在于他是整个生产的组织者，进而是各种契约的总执行者，是信息的集散者，也就是信息的优势者。在生产资料所有者和信息优势者合一时，两种身份难以分开，资本逻辑可以纳入信息逻辑，信息逻辑也可以纳入资本逻辑。问题是当他不是信息优势者的时候，为什么仍然能够不劳而获呢？其中肯定还有资本所有者因素，这种情况必须同时依靠资本和信息两种逻辑才能够得到合理的说明。同时，信息优势者之所以能够获得剩余性收入，离不开他的活劳动，所以，也要同时依靠资本和信息两种逻辑才能够得到合理的说明。相反，把信息逻辑纳入资本逻辑，就要仍然坚持劳动价值论，从信息优势者所取得的收入来说，尽管是一种"余"，但仍属于工资范畴，是一种劳动所得，但这种工资在数量上可能多于传统资本逻辑下的工资额，已经超过了传统观念下的可变资本所应得，在性质上具有了资本所得性质，而资本所得仍然属于剥削范畴，造成这种情况的中间机制是劳动者的信息优势，现实的收入必须同时依靠资本和信息两种逻辑才能够得到合理的说明；资本的固定收入也仍然是剥削性质，收入的性质不是取决于是否固定，而是决定于其来源，但其数量已经少于其信息优势时的情形，所以，也要同时依靠资本和信息两种逻辑才能够得到合理的说明。总之，资本逻辑和信息逻辑，无论哪一个，都不能单一地对现实的经济现象给予充分的说明。

可见，面对复杂的现实，非此即彼的形而上学思维是不科学的、不符合逻辑的，科学的思维应该把两者结合起来，说明现实经济现象，才能符合理论、逻辑、现实及其走势。

这种分析启示我们，资本逻辑也许不是唯一的社会更新之途，在物质富足、文化进步的今天，资本越来越多地吸收社会主义价值观，劳资之间的阶级矛盾大大缓和。同时利润来源转换了渠道，资本不再是围绕同一种商品展开薄利多销的恶性竞争，因为那样的利润空间日益狭小，代之而起的是资本的不断创新，它们以一个个全新的产品展开差异化竞争，其间的利润空间不断扩大，利润作为资本主义的血液使资本在新时期仍然充满活力，但所有这些绝不意味着资本主义的永生，因为它具有其自身固有的缺陷，它的致命点在于其框架内人和人之间经济上的不平等，而人人之间的政治和经济的平等是人的本质所追求的，人类社会不断进步的历史、事物曲折前进的规律性和先进人物共产主义思想的火花无不预示着人类更加美好的社会前景。信息逻辑也许是通向人和人之间经济关系平等化的一条特殊道路。直接劳动者的信息优势地位的形成、保有和发展，源于监督的成本和自由理念的普及，在资本主义的历史上，计时工资条件下由监工现场全面监督，计件工资时转为监督工人的产品即使用价值，现代出租车行业等借助于音像技术照样可以监督司机的工作状态，但监督机制却日益淡化，其中有节约成本的因素，更有对于劳动者自由权的尊重，而恰恰是这些因素使劳动者的信息地位不断提高，其优势信息产权随着社会进步而不断得到强化和维护，并从经济上得到越来越多的实现。

第六章 信息剩余理论的应用性研究
——商业保险市场问题

最大诚信原则是保险的基本原则，商业保险的意义在于理赔的兑现。现在保险种类繁多，从保险目的看，有疾病险和理财险等，无论哪一种保险，最重要的还是出险后能够得到理赔。实践中理赔难却成为不可忽视的现象，这可以由市场交易的货币信息弱势地位得到说明，体现了保险投资者的弱势状态，这种现象直接危害投资者的利益，最终损害的却是整个保险行业的生存和发展。要解决理赔难题、化解投资者的货币信息弱势地位，关键还在于矛盾的主要方面保险人的自律和他律，信息剩余理论是对理赔难进行治理的一种独到的理论说明。

第一节 保险的最大诚信原则与理赔难

一 保险的最大诚信原则

诚信是任何市场交易都必须遵守的原则，但保险却要求最大诚信，主要源于海上保险。在海上保险中，保险标的船货远离保险人，保险人对其状态无法实地勘察，只能听凭于投保人的陈述，英国1906年的海上保险法规定，海上保险是建立在最大诚信原则基础上的合同，如果任何一方不遵守这一原则，另一方可以宣告合同无效。其实，各种保险都有这个问题，保险合同成立后，保险买卖双方必然是各自活动，其活动过程彼此脱离，诚信是其根本的联系。最大诚信原则的约束对象是买卖双方，一方面卖方掌握保险的专业性和技术性，一般买方不易理解，保险合同属于一种附和合同，合同内容由保险人单方面制定，买方只能采取买或者不买的态度，或者附加条款，所以保险人必须遵守最大诚信原则，在合同建立时如实向保险购买者说明条款含义及其责任义务。另一方面买方购买保险的意图就是向保险公司转嫁可能的风险，他最熟悉自己的风险状况，保险人对投保人的投保申请是否接受、承保条件和保费等都要依据投保人的陈述，如果投保人隐瞒信息，将会造成双方损失。

最大诚信原则具体包括告知、保证、弃权和禁止反言。告知也是双向的，保险人向投保人告知保险合同的内容，投保人向保险人说明与保险标的有关的重要事实，即影响保险人决定是否承保和保险费率选择等事实；告知具有法定性、先合同性和主动性，法定性指的是告知为双方法定义务，违反此项义务要承担相应后果。对保险人而言，未做如实说明的条款不产生法律效力；对投保人而言，未做如实说明的将得不到出险赔偿，甚至不被退还保险费。告知的先合同性指的是在保险合同成立之前应该履行的义务，在保险合同履行过程中，如果投保人或者被保险人的风险情况发生变化，也应及时向保险人说明，否则保险人对于因危险程度增加发生的事故不予赔偿。主动性指的是保险人对于投保人的保险合同条款的说明不以投保人是否询问为前提，未在合同订立之前进行说明而在合同成立之后才给出说明的，其说明无效，而对投保人由于其非专业性可以适用询问告知要求。最大诚信原则中的保证是指保险人对投保人的一种要求，是投保人对于某一事项的是否作为和某种事态的是否存在做出的承诺确认。依据保证事项是否已经存在，保证分为确认保证和承诺保证，确认保证发生在保险合同订立之时，对当时状况如健康状况的一种如实陈述，承诺保证发生在保险合同订立之后，为了保险标的的安全而做出的承诺，如投保车险后，保证不在汽车内放置危险品等。依据保证的存在形式，保证分为明示保证和默示保证。明示保证采用文字书面形式，默示保证采用习惯、公认和惯例等形式，如被保险人行为合法等。投保人若违反保证义务，保险人有权解除合同，保证的要求比告知更为严格，告知是双向的，保证是单向的，告知是语言的，保证是行动的；告知是风险估计，保证是风险控制。最大诚信原则中的弃权是指保险合同双方均可以放弃某项合同权利，主要针对保险人，包括解约权和抗辩权，如保险人明知保险合同有问题、出险未及时向保险人报告、被保险人违反注意义务和被保险人未告知危险增加时却仍然收取保费，即视为保险人放弃合同解约权和抗辩权。最大诚信原则中的禁止反言是指保险合同的一方在放弃合同权利后，不得重新主张这项权利。和弃权原则一样，它也是主要用于约束保险人。

二　理赔难——货币信息弱势的主要表现

理赔与索赔相对应，是指保险人根据被保险人或受益人而不是投保人的索赔请求，核实损失、审定责任、进行赔付的活动过程，它是被保险人行使权利和保险人履行义务的关键。投保人把保费交给保险公司后如何支配，投保人知情权得不到保障，转而处于信息弱势地位，而保险公司在经营管理中会出现各种不合理现象：理赔人员业务素质低，定损、勘察、审核和赔款计算等专业知识的缺乏或不熟练；程序烦琐；重业务抢市场，轻管理轻服务；人情业务、关系业务和行政业务等不正规运作；由于保险涉及的医院、公安等多种机构之间没有法律规定责任权利关系，造成取证困难；社会对保险运营监管不力；缺乏投保前为投保者服务的经纪人和出险后的损失公估人；等等。在这些诸多问题中，我们认为，主要还是理赔难。表现在以下几方面：

第一，态度懈怠。言语失礼；必要时不能够主动联系客户，时时处处等客户着急催促。因为理赔时客户和保险公司之间的主动被动关系与签单时相比，已经发生逆转，签单时客户主动，他可以买，也可以不买，保险公司出于业务需要却必须卖出其保单，所以保险公司被动，也因此这时他对客户是积极主动热情的。但到了理赔环节，需要保险公司往外出钱，客户该受益了，保险公司却处于主动地位，于是他采取消极行为，客户再着急，也只能处于被动地位。

第二，效率低下。这是理赔速度问题，源自业务流程衔接不畅、程序烦琐等。出险后，客户急于获得赔付，实际却恰恰相反，迟迟得不到理赔，签单时只需填写保险公司准备好的表格，然后付费，就算合同生效，手续简单快捷。前后对比会给客户留下保险的什么印象，可想而知。

第三，赔付不准确。这是理赔质量问题。为了自己的利益，保险公司既不能高估高赔，但也不宜尽可能压低赔付标准，而应客观公正。

第四，揪住保单漏洞，拒不赔付。在保险关系确立之前，保险公司应该核实保单的主要方面，一是被保险人职业的风险性。看他的风险有多大，如果其职业没有什么风险性，那么他投意外险就是多余可疑的。二是保额和收入的匹配。保额是他年收入的 10—20 倍才是比较正常的，如果是数百倍则说明有问题，就要做进一步的审查。但是，在保险公司的实际运行中，为了吸引投资和保单的销售，恰恰在这个预防骗保风险的初始阶段，保险公司表现得麻痹随意，不做深入的调查研究来确定保单信息的真实性，而是任由客户填写，职业风险小的被保险人也可以投保高额意外险，收入低下的被保险人也可以高额投保，健康状况差的被保险人也可以填报身体健康，等等，这些不负责任的保险行为充斥保单销售环节，而到了理赔阶段，保险公司却表现得非常专业敬业，他们会竭尽全力地、不辞劳苦地进行高度专业性的调查研究，力图拒赔、少赔。在初始关系确立环节还有一个重要的核实问题，即投保人如果不能够直接签字，而在签单时一般被告知夫妻代签、监护人代替精神病人签字等也是允许的。从法律上讲，这种投保人没有签字的情况不能够得到赔付，但是，这种情况却令客户上当受骗，诸如此类不得赔付的案例伤害的是客户及其他潜在客户对于商业保险的信任。保险人利用客户法律知识的缺乏和对业务员的轻信，事前如此，事后还把责任外推，他们往往推辞业务员素质低下，与保险公司无关。但是，从经济关系上看，业务员与保险公司属于委托—代理关系，保险公司有义务管理好自己的员工，不能在签单时疏忽大意，甚至是麻痹引诱，在赔付时又极力规避、逃脱责任。

之所以强调理赔，是因为理赔是保险业长期发展的关键，是联结投保人和保险人的实质阶段。从客户期望来看，客户投保就是为了出险时能够得到赔付，所以保险公司运营工作的评价标准可以说就是理赔环节，是保险公司服务水平、工作效率高低的终极体现。理赔顺利，才会吸引更多的保费和客户。

从委托—代理关系看，投保人是委托人，保险公司是代理人，一般来说，委托人和代理人存在利益错位问题，而投保人和保险人之间的委托—代理关系有以下特点：①持续时间长，可能长达十几年，甚至几十年，期间需要不断续费；②受益慢；③保险公司处于主动地位，出险后或保险到期后，客户需要向保险公司提出理赔，而这时保险公司在态度、时间、数额等要素上占有主动，客户则是被动的。鉴于此，客户产生不踏实感觉，如果看到其他投保人理赔顺利，对他将是一种安抚，对保险公司起到巩固客户的作用。

从保险公司在经营管理中出现的各种问题来看，各种问题都在不同程度上体现了理赔难的问题。重业务抢市场、轻管理忽视服务，在经营指导思想上、在保险经济关系的起点上就埋下了理赔难的隐患。理赔作为客户服务工作与保险公司利益关联小，因此不被重视，理赔工作流于形式。理赔人员业务素质低、程序烦琐、取证困难使理赔效率低下。社会对保险运营监管不力，缺乏投保前为投保者服务的经纪人和出险后的损失公估人，使理赔公正度降低。

从理论上看，"理赔难"可以由货币信息弱势理论得到说明，传统经济学认为，在市场交易中通行的是消费者主权，消费者作为货币所有者向谁购买，就等于把自己的货币选票投给了他，他由此获得交易中的主动权，现实的逻辑却是消费者屡受侵害、总是处于劣势，因为他的货币信息数量少、透明度高，而商品信息恰恰相反，他用货币交换商品，就等于是以少量的、不被自己控制的共同信息去换取多量的、被对方控制的私有信息，自然不占优势，这种地位与买方市场还是卖方市场无关，与竞争性市场还是非竞争性市场无关，与货币持有者是买方还是卖方无关。

三 怎样看待保险欺诈这种"货币强势"现象

如何看待保险欺诈呢？保险本是借助大家的力量给人们弥补损失，但一些心术不正之人却从中发现了生财之道，采用技术化和隐蔽化手段把黑手伸向保险公司骗保，降低了保险公司社会"稳定器"的作用和经济补充功能。

首先,从表面上看是一种"货币强势",即购买保险的人拥有信息优势,并可以借机为自己捞取更多利益。确实,在投保之前,投保人和被保险人对自己的健康状况、投保目的、生活习惯、职业变化、投保人将要如何对待被保险人、投保人与受益人的关系等投保的关键信息更加了解,而保险人则知之甚少,所以投保人可能以欺骗方式参保,暂时利用了自己的信息优势,可理赔时会遭到严格审查,保险公司在客户投保时管理较松,任由客户本着自己的诚信度来填写投保申请,也是考虑到了这一层,使客户"进门容易出门难"。所以,投保人和保险人在投保前后有一个信息地位转化的问题。之前客户在信息强势地位、保险人在弱势地位,之后客户是弱势、保险人成了强势。保险公司在我国各种机构中,学习西方的经营方式是最突出的,相比较而言,保险人拥有高度责任心和专业水平的职员队伍,所以客户骗保是非常困难的,上面投保人和保险人之间的信息地位关系才是更加实际的。

其次,保险欺诈成功所体现的货币强势是少数现象。在寿险市场,一个思维道德水平正常的人不会为了得到保险额度去给一个不相干的人投资保险,然后再去伤害他,更不会伤害被保险人的亲人;在财险市场,也不会故意毁坏自己的财物。在大多数情况下,投保人和保险标的哪怕在投保后,也仍然会悉心照顾自己的健康和财产,所以货币弱势还是一般正常情况。

第二节 商业保险中货币信息弱势的危害与化解

一 保险诚信使保险人面临危机

商业保险中货币信息弱势的危害是使保险人失去客户,乃至使整个保险行业面临危机,我们可以从保险人与客户之间的博弈谈起,其博弈如下表所示。

保险人与客户之间的博弈

		保险公司	
		理赔	不理赔
客户	购买	1, 1	-1, 2
	不购买	0, 0	0, 0

从上述博弈可以看出，客户购买保险和保险公司顺利理赔的组合是双方共赢的结果，都得到正的收益 1 即 (1, 1)；客户购买、保险公司不理赔，客户收益为 -1，受到了损失，而保险公司得到更大的收益 2 即 (-1, 2)；保险公司理赔和客户没有购买保险的情况不可能同时发生，即双方没有买卖关系，收益均为 0 即 (0, 0)；客户没有购买，保险公司也就谈不上理赔，两者收益也均为 0 即 (0, 0)。所以，理性的消费者在保险公司不理赔的假设下，再辅之以现实中的理赔不力，就不去购买保险。

尽管保险的意义是多方面的，一旦保险关系破裂受到损害的也是多个主体，但我们认为，保险人将是最大的受害者。

第一，一个行业若失去了需求，这个行业就会消失。需求既是对具体物质和服务的需求，又是对销售服务的需求，客观上说，人们非常需要保险，既是对保险具体业务的需求，又是对保险服务尤其是保险理赔的需求，这是保险需求的核心。如果能够抓住这一点，保险就一定拥有需求，这个行业就会长盛不衰；相反，如果抓不住人们对保险的核心需求，搞一些花哨的投资性业务，即使回报再高，由于它背离了保险的真谛，保险公司的市场也必然遭遇挫折。

第二，在保险行业中，需求尤其脆弱，所以保险行业是危险的。保险消费者购买保险的成本是眼前的、现实的，而他所能够享受到的好处则是未来的、远期的。他们认为，世上那些不幸不会是自己的，自己绝对遇不上那些事情，人们总是愿意相信那些自己愿意相信的事情，而不愿意相信那些自己不愿意相信的事情，所以，从心理上说，人们往往觉得购买保险不必要、不合算，于是不愿意购买保险，即使一时被打动而购买了保险，一旦在他人案例中的理赔环节发生波折，客户就很容易反悔。

第三，保险业务员的因素。个别保险业务员为了提成收入，往往恶意承揽业务，隐瞒信息，从根本上损害了整个保险业的信誉。保险行业的业务员组成复杂，他们来自不同的文化背景、价值信念和工作经历等，但有一个共同的追求，那就是业务提成，而多的提成来自多保单，多保单来自客户多的保险的认同，多的认同来自多的保险益处，多的益处来自保险员多的灌输，多的灌输来自多的不理赔的信息隐瞒，这样的逻辑成就了保险员的业绩，也促成了保险业的恶名。

二 投保人的回避效应、缄口效应和抬腿效应

客户拒绝购买保险，可以概括为回避效应、缄口效应和抬腿效应三种行为。回避效应是指客户从不接触保险且远离保险业务。心理学研究发现，不同属性的刺激能够吸引个体不同程度的注意，能够引发个体情绪的刺激比中性刺激更容易受到注意加工，而无论引发的是积极情绪还是消极情绪，但令人奇怪的是，这种注意偏差并没有导致随后的回忆偏差，具有特质性焦虑或患有焦虑症的个体在回忆测验中并没有表现出对威胁性信息的优势记忆，甚至这类个体对他们所恐惧的材料记忆更差。这种注意和记忆之间的矛盾可以用警戒—回避效应来解释，警戒—回避效应是指虽然个体在最初会自动化地、无意识地注意那些威胁性线索，但随后个体就会有意地将注意转移，以免焦虑和恐惧等负性情绪的体验，这样随后的回避策略就会降低个体对威胁性刺激的精细加工，因此，个体在回忆测验中会表现出较差的成绩，目前警戒—回避效应多被用于解释焦虑症和社交恐惧症等异常人群的认知特点，这对于正常个体的其他负性情绪认知而言，也存在这种警戒—回避的认知特点。警戒—回避的认知特点也适用于保险市场主体，这里是指保险服务性商品的消费者，心理学理论说明消费者之所以不接触保险且远离保险业务，是出于一种自我保护心理和预防损害的心理，人们对于非中性信息反应比较激烈，同时对图片的攻击者和被攻击者都具有更低的鉴别力，即不愿意受到刺激，人们偏好平和，尤其不愿意记住负面感受和情绪；相反，还要极力淡化它，人们对于可能的欺诈要建立起心理的防御机制或攻击机制，这种心理可能基于

本人以前的经历，也可能来自他人遭受损害的信息，而且这种内隐式心理具有很大的稳定性，保险营销理念应该充分考虑到其影响力。

缄口效应是指出于内心深处对保险的不信任而对保险事务不予理睬，更不会对业务员讲述自己的保险需求。在市场经济中，交易双方地位平等，面对处于信息优势地位的商品销售者，作为信息弱势方的消费者当然拥有自己的沉默权，他因为缺乏信息，所以难以驳斥坚持保险好处论的保险推销，可是，在内心深处又存疑虑，只好沉默不语；沉默拒绝沟通和交流，既是一种无声的抗拒，也是一种态度强烈的防御权；人和人之间能够拉近距离的最有效方式不是权力和礼物，而是对话，"见面三分亲"的实质是合适的语言沟通的效果，而保险市场的诚信缺失却伤得顾客连说话的热情都没有了，可以想象内伤之重。

在市场经济中，保险买卖双方拥有完全的平等自由，他们都享有人格尊严、言论自由和交易权利平衡，在保险行业诚信缺失的环境下，消费者采取"啼得血流无用处，不如缄口度残春"的态度就成为明智之举。

抬腿效应是指保险消费者把资金从保险中抽回，转而投向保险以外的其他领域。抬腿效应也即用脚投票，是交易关系解除的一种形象表述，在市场经济中，如果交易一方不满意交易条件，可以不去缔结交易契约或解除已有的契约，与股份公司和政治选举等场合的举手表决相对应。解除契约的原因多种多样，我们这里要强调的自然是诚信短缺。在市场经济规律的作用下，诚信经营者越来越受到消费者青睐，失信者最终会被市场所淘汰，这既是被消费者"用脚投票"的结果，也是消费者反悔退货的结果，两者都是市场经济的客观现象，是消费者的理性反应，是否立法关系不大，谈不上两者博弈的问题。

以上三种效应从"不接触""不说话"到"离开"，一步比一步与保险市场陌生化，都是保险市场的客户或潜在客户对保险服务商品失去信任的缘故，这会使保险公司从根本上失去客户，失去自己生存和发展的基础，其优势信息的机会主义利用会让它去深刻地体会其生命的疼痛。由诚信缺席进入诚信到位，时间越短越好，否则"印刻期"效应就要显现了,"印刻期"就是印象最深刻的时期,动物乃至生物和一切事物都有自己出生时对于周围的印象,在各自不同的时期内,它们的印象会固定下来,以后这种固化的印象将很难改变,市场的诚信和保险公司的诚信也是一样,一旦非诚实守信的印象形成就会持续下去,因此,诚信缺失后要尽快弥补,要赶在"印刻期"结束之前。

保险人诚信是商业保险中货币信息弱势问题解决的关键。合格的保险人应该"重合同、守信用",理赔坚持"主动、迅速、准确、合理"的原则。主动是指保险人主动深入现场开展理赔工作;迅速是指保险人应在法律规定的时间内及时赔付不拖拉;准确是指计算赔偿金额力求准确,要根据近因原则即根据促成损失结果的最有效的和起决定性作用的原因,该赔多少就赔多少,不滥赔也不惜赔;合理是指赔付合情合理,既符合合同条款的规定,又符合实际情况。[①]

三 保险人是保险诚信的关键

在保险市场建设中,保险人诚信是关键,因为保险业实施的关键是理赔环节,理赔的关键又是保险公司,其中涉及理赔的哲学文化建设、制度与立法的完善等。下面谈谈保险诚信培养途径并对已有思路进行评论。

第一,道德教育。使诚实守信内化为保险业人士的价值观,自动放弃有损投保人利益的私有信息利用,自觉维护投资者的各项正当权益。

第二,从业道德考试。保险从业人员除必须取得业务资格外,还必须接受从业道德教育并考试合格,这是世界上许多国家的做法。

第三,树立"一报还一报"的道德观。即利用交易双方行为的相互作用,最终要达到的目标是以善对善、以合作对合作,为了避免"一报还一报"的恶恶相对的副作用,要灵活地实施"宽容",即善于原谅偶尔"作恶"又能够真诚及时改悔的"骗子"和"自私者",恢复合作以享有"正和游戏"。

[①] 李彦:《生活中的金融新知》,西南财经大学出版社2002年版,第197页。

第四，建立诚信信息传输系统。这是一种信息剩余理论的解决思路，在保险市场上，投资者分散、保险公司众多，人们很难一下子就鉴别出善恶真伪，信息传播的噪声和时滞是主要原因，所以投资者要对市场做出正确反应，还需建立起诚信信息的传输系统，相关保险主体私有的、优势的信息可以不被主动披露，但是，一旦失信行为通过诚信信息传输系统记录并传播开来，他将自食业务下降和骗保受法律制裁等恶果。①建立保险业个人信用信息网。个人信息中含有私人信息、私有信息，但与其信用有关的部分可以公开化，使之接受社会公众监督有利于培养个人诚信意识和信用责任感。②建立保险企业资信信息网。中外企业和社会公众能够在网上快速、准确地获取有关企业资信信息，企业一旦有违诚信即可公之于众，企业的行为自律由此得以加强。③建立保险行业诚信信息网。行业自律本身就是一种有效的监管措施，让整个保险行业公开接受社会公众的监督，既是纠正行业作风不正的有力武器，也是促进行业诚信发展的有效途径。

上述途径都属于外在性质，或者对市场主体要求较高如道德教育，我们主张还是要遵循信息剩余思路，如果消费者觉得没有得到应有的满足就可以退货，保险服务也是这样，在理赔的关键环节，消费者若失去主动权，则前面的缴费就会落空，这样使商品交易失去意义，合理的制度设计应该是在保险关系存续的任何环节，当然更包括理赔环节都要允许退出，也就是解除保险合同关系，现在的制度中也确实存在退出制度，但是，退出的代价巨大，投保人或受益人能够拿回的退保金额被大大地打了折扣，为了避免损失，客户只好投入大量沉没成本，继续维持不满意的保险关系，这种状况应该得到改善。诚然，保险人在退保前的时段内付出了一定的运营成本，但是，这种成本与退保扣除费用之间的正差额还是存在的，而且为数不低，到底两者之间的差额定为多少算是合理，从市场契约关系自处理机制看，既然保险公司在信息上掌握着主动权，还是应该从企业和行业的长远发展着眼主动披露或自动降低差额。另外，在普通商品市场上可以实行无条件退货，为什么在保险市场上就无法做到呢？普通商品市场的退货也会造成商家前期运营成本的损失。按照正常规律，不会出现集中的大规模退货问题,普通商品市场能够做到的,保险行业也应该能够做到。

四 被保险人的诚信问题

在保险市场的诚信治理中,虽然被保险人的诚信问题不是关键,但骗保现象的大量出现也使这个问题突出,不只是财险骗保,甚至人寿险也不断出现骗保问题,下面借助案例进行信息剩余治理思路的阐释。1999年8月29日凌晨2时35分,沈阳市湖西饭店法人代表杨某为骗取500万元保险,指使孙某等3人潜入店内,将事先准备好的60公升汽油,分别倒到2层、3层走廊的地面上并点燃,大火吞噬了9条人命,并致使15人受伤,直接经济损失高达48.0948万元。[①] 被保险人拥有一定的信息优势,因此能够用来进行骗保活动,针对被保险人的疏忽心态的非诚信行为,保险制度设计非全额赔偿,因为全额赔偿等于对被保险人疏忽心态的非诚信行为的认可,在效应上会助长被保险人疏忽心态的非诚信行为;针对骗保的非诚信行为,除法律制裁外,保险制度设计取消赔付,甚至反转赔付即由骗保者赔偿保险人的损失。

从保险契约所处的时段上,骗保可以分为投保骗保、过程骗保和最终骗保三类。

投保骗保是指在保单购买阶段隐瞒诸如健康状况、风险爱好和真实收入等重要投保信息,为最终骗保埋下伏笔;投保人代表着投保的动机和目的,合同体现的是他的意志,所以是保险关系的重要主体,如果投保人从保险合同成立开始就是出于骗保动机,即使最终保险标的确实出险也得不到保险公司的赔付,其保险合同属于无效合同,即使投保人最终受害也改变不了合同的性质,这个投保人也许与被保险人两者合一,他的遇害可能是落入了整个骗保圈套,即使受益人对骗保阴谋毫不知情也同样会判处合同无效,否则就会出现不当收益问题,这是公序良俗所不允许的。受益人也是一个相当重要的角色,他是保险标的出险赔偿的最终获得者,其保险行为性质同样制约保险性

---

① 田玉敏主编:《商业网点消防安全》,中国国际广播出版社2003年版,第193页。

质，他的获益也是来自保险标的的损失，如果在投保阶段与投保人发生共谋，他的保险收益就会落空。在保险合同的若干主体如保险人、业务员、投保人、受益人和被保险人等之中，被保险人是最危险的，他作为保险标的遭受损毁是保险赔偿的前提条件。

过程骗保是指在保险合同成立后到保险理赔之间的保险时段所进行的欺诈行为，它建立在投保成功的基础之上，虽然保单经过了审核环节，但过程骗保照样不能获得出险赔偿，这时的理由不再是合同无效，而是合同终止。

最终骗保是指在合同有效期的最后阶段对保险标的实行损毁而进行的欺诈行为，保险合同只能成为没有完成的合同。

通过上面的分析我们看到，任何一种骗保行为都是基于骗保者对于保险公司的信息优势，不管这种信息优势是否保险公司所纵容而成，信息剩余理论的逻辑都要彰显自己的威力：即使信息优势者事先可以随心所欲地实行机会主义行为，但无论如何他都要最终自己收留他自己的优势信息，即自己承担相应的各种后果。

第七章 信息剩余理论的应用性研究
——教育市场问题

这类问题是一种基于教育市场私有信息化解的连带责任制度问题。师生之间存在知识上高度的信息不对称,这种信息不对称本是师生关系存在的前提条件,教师之所以为教师,他的专业知识必须高于学生,我们要强调的是作为经济人假设的教师有着利用其优势信息进行机会主义活动的可能性,如偷懒,对知识剖析不够、对学生要求不严和判卷马虎等,这些做法使教学质量降低,为保证教师的教学质量,这种不对称必须得到化解,教研室团队建设是化解方法之一。教研室团队建设是一种博弈论指导下的连带责任制度创新,目的是达到协同进化目的,博弈在教师之间、教师和教研室之间、教研室团队之间进行,包括制度设计原则、制度内容和制度有效性机理,其中蕴含着信息剩余理论的指导,教师若违反诚信授课,那么这里的制度设计将由教师自己承担其后果。

第一节 教研室连带责任制度设计原则

按照教研室及其成员应承担连带责任的思路,教研室连带制度设计原则主要有三个。

一 奖惩对称原则

今天我们利用连带责任形式进行管理应在并罚的同时注重奖励相关者的成绩,一个成员或少数成员受罚,他人和教研室要跟着受罚,那么,一个或少数成员受奖励,他人和教研室也要跟着得奖,这样,连带性惩罚和连带性奖励并举才能体现时代的进步性。一个好的奖惩制度实行的是奖惩分明对称、公平公正和程度适宜,人性化程度高的奖惩制度奖多惩少,中等者奖惩相当,下等者惩多奖少。奖惩不对称破坏公平感,过度奖励会诱使人们由努力工作变为追求奖励本身,忽视甚至危害工作,如美国金融机构的高管受高分红的诱惑而欺骗公众,过度惩罚更会挫伤人们的积极性。

二 激励相容原则

制度设计的激励相容原则是指以个人效用最大化为前提,使制度对象遵守制度成为他的最优选择。教研室连带责任设计时,应使教师努力工作所得高于努力的代价,使不努力所受损失大于不努力的好处。

激励相容原则要求关注需求。不同人的需求或同一个人在不同的时期,其需求是不同的,即需求是多种多样的;需求的类别和程度是不断变化的;需求是可激发的。激励相容原则还要求明确的制度目标。明确的目标对成员需求可以起到引导作用。激励相容原则需要把组织成员的需求和制度目标结合起来,使成员需求的实现和制度目标的完成相吻合,个体追求自己的需求客观上就是制度目标的实现,而制度目标的完成包含着个体需求的实现。

激励相容原则也是一种利益相关原则,制度设计要与职称评定、聘任和授课任务相联系。如果教师之间的奖惩连带与其切身利益无关,也肯定达不到化解其私有信息、促使其奋发努力的管理目的。发展性评价固然好,但奖惩性评价在目前教师觉悟等条件的制约下也有必要,两者要辩证使用,才能取得最佳效果。

三 管理系统化原则

教研室团队建设是学校的一个系统工程,需要其他部门的多方面配合;直接目的是化解教学上的私有信息,提高教学质量,但这一工作客观上牵涉方方面面,如科研、人事和后勤等,所以,只有各部门通力合作,才能很好地完成这个任务。这样,管理系统化原则就具体化为统一性原则和适应性原则。统一性原则要求各部门围绕教学质量提高的主要目的,来兼顾各自的特殊性;适应性原则要求各部门不断改进以适应最大限度地提高教学质量的需要。

第二节 连带责任制度的制定

连带责任的设计应从教师的岗位职责考虑，涉及教学的各个环节，主要有以下几个方面。

一 连带内容

（一）选课连带

如果在起始性评价中有成员没有挂牌上课，或在过程性评价中所受评价档次最低，或学生打分低于 70 分，他本人将被停止上课一个学期或更长时间，教研室其他成员在照顾到教学任务安排的前提下，也要停止上课或减少课时。为了不影响教学任务的完成，还可以把担任同一教学任务的一个教研室内部再次划分成两个单位，一个出了问题，由另一个承担其教学任务。教研室之间交叉上课也是一个办法，每个教师可以承担两门以上的授课任务，一个教研室出了问题，由另一个教研室接替其教学任务。

（二）政治连带

教研室成员如有进行邪教等宣传的，停止其工作，其他成员也停下来做其思想政治工作。

（三）考试连带

在考试中严重违纪的，如泄露试题、延误考试等，扣发直接责任者的奖金，教研室中止优秀教研室参评资格。对试题泄露等问题，除连带处罚外，如果实行授课和出题分开的制度，也许有一定的效果。美国处理安然和安达信联合进行虚假信息披露的事件，其中一个重要方法就是进行业务拆分。也就是把代理中介公司的业务限定在单一服务上，保证代理人业务的独立性，防止混业经营带来业务之间的收费"搭便车"现象。美国的很多会计师事务所既为上市公司提供财务服务，也提供战略咨询服务，正是后者的高额报酬使它们在财务监督上马马虎虎。教师自己授课，自己出题，对学生的约束减缓很多，教学质量好坏难以测量,所以,教师业务分开能够取得一定的效果。

(四)教学内容连带

授课内容违背教学大纲,该讲的没有讲明白,随意更改教学内容,穿插其他学科知识过多,甚至占用大部分本课程的课时,如政治经济学课堂上讲大量餐旅专业的知识,内容上严重走偏,就要对他进行集体帮助,需要单独抽出时间强调政治经济学的应讲内容,并做出对这个教师的专项听课、辅导等计划,最后写出一份总结报告,所产生的费用从该教师的奖金或课酬中扣除。

(五)教学方法连带

不同的课程有其不同的方法,如理论课应使课堂上充满一种理性的探讨气氛,可以运用理论分析方法、案例法、讨论法、访谈法、问卷法等,而不能闲扯无关的话题,以引起学生的茫然大笑为活跃课堂气氛。如果因为方法不当致使本课程的教学任务没有完成,一经举报或查实,直接责任者要受到批评帮助,在其职称评定等方面也要受到减分等处理,教研室其他成员也要受到相应的处罚,程度上可以从轻。

(六)竞争连带

即在教研室内部展开一定程度的竞争,这样,可以减少合谋现象,如减少一个教师的课时,可以增加其他教师的课时。一般来说,竞争越激烈,竞争主体的盈利能力越低,彼此的合谋就越不稳固,不管对手如何出招,某个人的占优策略都是"背叛",这是一个典型的"囚徒困境"。所以,这样,既不影响教学任务的完成,又能较好地实现连带责任管理。

(七)奖励连带

各个教学环节上都应有奖励连带,一个或少数教师受到奖励,其他成员和整个教研室都要得到通报表扬、职称评定加分、优先聘用等待遇。奖励连带的含义还包括对一些成员奖励,同时对另外一些成员惩罚,一些人得到通报表扬、职称评定加分、优先聘用等待遇,另一些人就等于减分、后聘,这也意味着整个教研室的利益成为一种不相容的集体利益。布坎南、奥尔森等认为,集体利益有相容和排斥之分,相容的集体利益是指利益主体在追求这种利益时是互相包容和支持的,相斥的集体利益是指利益主体在追求这种利益时相互排斥、彼此削弱。不相容的集体利益有时是利于宏观管理的,因为相斥合谋的利益总量是一定的,相争利益此消彼长,合谋很容易自行毁灭,典型的例子是产量和价格卡特尔,市场容量就是那么大,谁先毁约谁先受益,所以,这种垄断很不稳固;相反,相容合谋成员之间进行的是正和博弈,不容易拆散。合谋的性质是由合谋主体的目标决定的,而不是由合谋者本身所决定的,奥尔森指出:"一个集团的行动如何,取决于集团成员寻求目标的性质差别,而不是成员的任何性质。"

对于委托人而言,防范合谋的一个有效办法就是诱使某些代理人背离合谋集团,为此,委托人调整原有的激励计划是必需的,新的激励要保证背离者能够获得比他们在合谋集团中更多的利益。

能够引起合谋主体利益相争的制度设计其实是一种歧视手段,歧视即区别对待,它也许有违公正,但治理合谋却是行之有效的,它的实质是在代理人之间制造了利益冲突。不公正与负外部性的合谋都是治理的对象,在这里,公正是一个抽象的概念,凡是合谋都是违背社会或组织大的利益的,对合谋者的治理都具有正义性,对他们之间的不同策略,只是一个具体管理方式的区别,不涉及公正与否,或全都是公正的。

二 连带责任特点

(一)以结果为奖惩条件的契约和以过程为奖惩条件的契约辩证设计

为防范一个委托人和多个代理人组成的委托—代理关系中代理人之间的合谋,委托人可以设计一个以结果为奖惩条件的契约,这种契约无须代理人相互担保,可以使代理人之间的私下契约变得无效。它的约束效果好,但它是设法抓住代理人的把柄并以此实行惩罚,这不符合学校作为委托人的目的,学校的目的不是惩罚其教学代理人教师,而是提高教学质量和知名度,偶有惩罚也是为了警示他人的无奈之举。以过程为奖惩条件的契约需要教师日常的相互监控和提醒,不以结果为奖惩依据,尤其是能够把消极性结果消灭在萌芽状态,但效果可能较差,因为这种制度既无结果的处理,又因教师监控他人成本和收益的不对称导致的过程监控无保证。教师监控他人可能导致他人的不满等,其收益是整体受益的教学质量,虽然具有正外部性,但对微观主体来讲还是得不偿失。以上两种契约各有利弊,进行连带责任制度设计时需要全面考虑。

（二）教研室主任的奖惩

教研室主任承担着教研室的管理职责,所承担的任务较多,所以,也应该得到更多的激励,同时本着对称原则,其处罚也应该更严重一些。通过这种制度加强教研室主任的责任心,带动整个教研室团队进步提升。

制度设计是一个开放系统,随着社会的发展而不断发展变化。有些高校已经在教学管理中实践着一些连带性的制度,起到了警示引导作用,这是连带责任制度设计的一个很好的基础,后面的任务就是总结和完善了。

第三节 连带责任制度的有效性机理

一个人本应当"罪责自负",它是现代法的基本原则,但连带责任在现实中确实有其效果,其有效性在于其运行机理。

在私有信息化解的大目标中,教研室团队建设是其化解有效的途径,私有信息被化解是其结果,从因到果的过程,其中最为关键的是机制,即制度整体中相互联系、各有独特功能的构成部分。教研室团队建设作为剩余性化解思路的有效性机制大致概括如下:

一 利益相关机制

人的行为是对外部刺激的反应,要改变人的行为就要建立合适的外部刺激,每个员工在工作中发挥出的能力和他所拥有的能力是不对等的,其间差距的缩小依赖于有效激励。

连带责任与职称评定等相联系的设计符合激励作为人力资源开发手段的主要原则。

(1) 正负激励。即激励要满足人的正当需求,限制其不正当需求,具有连带责任性质的教研室团队建设恰是满足了教师的正当需求,如工作量、职称的要求,限制了教师的不正当要求,如偷懒和"搭便车"等机会主义行为;奖励和处罚不仅是对当事人的,而且对其他员工也是一种鼓励和警示。正负激励都有一个边际激励效用递减问题,重复刺激会使反应性行为减弱,如果表扬和奖励这类正激励过多,人的满足感和积极的情绪体验就会降低。同样,批评和惩罚这类负激励过于频繁,人的痛苦体验就会逐渐减少,所以,要使正负激励的效果持续下去,还必须把握其边际效用不递减:一是提高正负激励的力度;二是变换正负激励的形式;三是正负激励交替使用。

(2) 目标激励。即激励要服务于组织目标,连带责任制度就是围绕提高教学质量这个组织目标进行的。

(3) 适时激励。即把握时机,顺势引导。人们追切希望实现的事情,若能得到关注,将极大地调动其积极性。职称等是教师的职业追求,把他们的努力与此挂钩必然产生职业上进心,主动研究教学。

(4) 准确激励。即制度设计所针对的需求是激励对象在内容和程度上所在意的,也就是激励要相容,否则激励无效;连带责任制度追求利益相关、管理适度等。

(5) 群体激励和个体激励相结合。个体激励是为了避免平均主义,群体激励是为了调动大多数成员的积极性,增加成员间的合作。制度设计中的"奖励连带"就是体现了群体激励,"竞争连带"体现了个体激励。

二 效用强化机制

每个教师都有自己的效用,而连带责任制度使其效用进一步加强,奖励和处罚都不再是自己一个人的事情,事关大家的利益,彼此都成为利益相关者,奖励互惠、惩戒共担,即其中有共同进步机制,还有"互损"机制:对外集体受罚,对内违约个体受罚;因为有连带互损的规定,所以,他们能进行合作而达到最优结果,是变个人信用保证为合作保证。

如果一个人连累了大家,可能会遭到一些埋怨,尤其是主观故意造成过错，我们不妨称为埋怨机制；反过来讲，做错的人会有一种抱歉的感觉，可以称为抱歉机制；这两种机制都可能转化成为集体争光的动力机制，从而促进教学质量。

这里所说的效用强化不同于效用最大化，效用最大化是就一个特定的主体而言的，效用强化是指一个主体的效用因为与其他主体的效用相联系而备受重视，被强化的效用不一定是最大化效用，当然，最大化效用也不一定是被强化了的效用。

三 组织歧视机制

即连带责任制度设计时注意了合谋防范。在教研室中，不同的教师区别对待，有奖有惩，且程度不一，即组织歧视机制，同时使其利益总量受到限制，这样若发生合谋，也是一种相斥性合谋，很容易消失，以此保证了管理效率。实际上，这种做法也是对一个教研室内部教师之间、教研室之间合理竞争的引导，奖勤罚懒、奖优罚劣是合情合理的，是真正的公平；如果反过来对弱者进行照顾，就变成了对强者和努力者的"逆向歧视"。

逆向歧视是对"肯定性行动"来说的，肯定性行动是指政策上照顾少数族裔与弱势群体的特殊优惠措施，由美国政府倡导推行，主要体现在入学与就业等领域的加分、提高录用比例和预留名额等。以人群分类为基础的优待是一种恩惠，但有可能给受惠者带来耻辱感，加深他们的自卑，并导致群体敌视，谁愿意充当弱者呢！不公平竞争是对和谐的扭曲，公平竞争才真正能够促进科学管理与社会和谐。

四 教研室声誉机制

声誉是组织内隐性的精神激励机制。重复博弈是其前提条件，它能够降低组织的机会主义和代理成本，是对显性契约关系的补充。经济学假设是经济人，经济人自私利己，它往往使组织成员的个体目标背离组织利益，是激励问题产生的始作俑者，但声誉机制的发现是对它的一个回击，声誉机制拓宽了管理渠道。声誉机制之所以有效，在于它和人们的积极情绪以及后续利益相关联，声誉好使人心情愉快，利益增进；反之，则心情郁闷，利益减少。

连带责任制度可以实行教研室主任负责制。教研室主任在教研室中处于核心地位,享有最高和最后的决策权,并就整个教研室的所有决策和行为向上级管理机关负责;同时每个人与教研室荣辱与共,教研室的声誉反过来也影响每个教师的利益和地位,大家因此会共同努力工作,提高其声誉,学校的管理目标也就此实现。

第八章 信息剩余理论的应用性研究
——人力资本收益分配问题

谈起人力资本收益，学界多是指人力资本所有者如何应该多分得新价值中的一个更大的比例，我们的视角是假定人力资本的收益既定，他的收益应该如何在其投资者之间进行合理分配。

一个自然人通过他人的资助和自己的努力获得了知识才干，成为人力资本，并借此挣得收益，其收益应该在他本人及其投资者之间进行分配，人力资本创造收益在其收益的分配过程中，各种主体经常产生各种矛盾，这种矛盾的根源在于人力资本投资者的货币信息弱势地位，人力资本收益分配中的货币信息弱势会导致人才培养的困惑，也会使人力资本自然人承担者难以获得物质资本投资者的支持，这种争议还会阻滞以后的人才培养，破解这种难题也能够看到信息剩余理论的威力。

第一节 人力资本收益分配中矛盾的根源

一 现实中人力资本收益分配问题的凸显

现实中有的学生违背合约受到惩罚后状告学校以及员工违约反而起诉公司的事件时有发生。概言之，这些都可归结为人力资本收益分配中的矛盾，矛盾的具体原因可能多种多样，如法律对相关权利界定不清、有关合同内容模糊、当事人相互误解、市场经济使人们更加注重经济收益，等等。但从经济学上看，最根本的原因是货币信息弱势。

在现代市场经济中，货币是财富的一般代表，拥有了货币就等于拥有了财富，怎么能说它处于弱势地位呢？货币信息弱势是代理现象的实质，人才与其培养者之间的关系也可以看作一种委托—代理关系，人才培养者是委托人，人才自然人是代理人，这种委托—代理关系与现实中的各种代理现象有一个共同点，那就是都体现了所谓货币选票的非平等地位，即交易中的货币所有者会成为信息弱势者。如前所述，货币信息弱势是与商品信息优势相对而言的，货币与其交换物在信息含量及其性质上均存在差异。一是信息数量不同。商品包含的信息项目多，包括商品的质量、材料、成本等，这些项目中的每一项都包含多个等级；而货币包含的信息少，主要是一个真假和多少的问题。二是信息的均匀度不同。商品中的各种信息不一定具有均质性，变化多端，难以判断，如同一箱子里面的酒可能档次不一样，而货币信息则具有均质性，这一元和那一元没有区别。三是信息透明度不同。商品信息大多是商品所有者的私有信息，属于半透明或不透明的灰色或黑色信息；货币信息是交易双方的共同信息，属于完全透明的白色信息。四是信息可检验度不同。上述差异决定了商品信息专业性强，难以检验；而货币信息到银行即可轻易查验。

所以，用货币交换商品，就等于是以少量的、不被自己控制的共同信息去换取多量的、被对方控制的私有信息，自然不占优势。

二 人力资本收益分配中矛盾的根源

人力资本收益分配中的货币信息弱势，是指物质和货币等投资者对人力资本的收益状况所知和所得往往较少，投资者培养的人才真实的收益到底是多少、他享受哪些福利、反哺回报给了他的培养人才多大比例等，投资者很少知道，而人力资本的自然人承担者对其自身状况所知和所得相对较多，两者处于信息不对称地位。这种信息错位现象的根源在于货币和商品所蕴含的信息差异，人才培养者相当于货币所有者，他付出了时间、物质、金钱、管理和心血等，这里折合为货币，这种简化是分析的方便，但并不影响问题的实质，即不影响货币和商品具有信息差异的分析，相对地，人力资本收益状况相当于商品。

投资者的这种劣势地位使他难以获得公平的回报，即使谈定了一个固定的数额或服务年限等，执行起来也充满变数，双方的和谐在很大程度上取决于人力资本承担者的道德自律水平，一旦这一点失去约束，矛盾就会显性化。也就是说，他们之间的矛盾是与生俱来的，深深地植根于信息失衡中。

人才培育者与人力资本收益状况之间的信息对比关乎家庭、社会教育贷款机构、单位和国家对人才培养的态度和方式等，如果自己培养的人才得不到满意的回报，投资者就会受到物质和精神上的损失，并影响其以后的投资，对他人也会产生负面效应。

第二节 人才培养的困惑

人力资本收益分配中的货币信息弱势使投资—收益不对称，即存在投资风险，会造成诸多层面人才培养的困惑与阻滞，使人力资本投资者在人才培养上进退两难。下面就各种投资主体可能的损失及其行为以博弈的形式进行分析。

一 家庭投资的困惑

对家长来讲，不培养孩子成长是自己失职，可孩子长大后，形成人力资本及其收益后，一是出于其人格的独立，二是由于法律上的个人隐私权，父母不能要求明了其收益，而一旦得不到适当的回报又大伤其感情。双方的博弈如下表所示。

家长与子女之间的博弈

		子女	
		孝	不孝
家长	培养	1, 1	-1, 2
	不培养	0, 0	0, 0

从以上博弈可知，家长培养和子女孝敬的结合使双方都得到正的

收益 1 即（1，1），是最佳状态；家长培养、子女不孝使家长收益为 -1，子女得到更大收益 2 即（-1，2）；如果家长不培养，那么子女孝与不孝，双方收益均为 0 即（0，0）。

孩子的不孝，也就是父母的风险主要来自这样几个方面：孝之理念的缺失；自己效用函数的无限膨胀，如温饱、小康、国内旅游、国外旅游、汽车、高级汽车、独单、别墅等，一个无限长的链条；孝之偏狭，把孝只理解为金钱的，忽视了精神的，因为金钱的匮乏，也就在精神的孝上不作为。

但是，父母的无私天性使他们即使想到了自己的风险，也不会放弃对子女的培养，而一旦其担心真的不幸发生，他们后半生将生活在痛苦之中。

二　贷款机构的困惑

对无息或低息贷款机构来说，此项业务是政策规定，不能不执行，但往往最后连本钱都收不回来。

我国国家助学贷款于 1999 年正式出台，是由政府主导、财政贴息，银行、教育行政部门与高校共同操作的专门帮助高校贫困家庭学生的银行贷款，对优化教育资源配置、实现高等教育公平化起到了积极的促进作用。但是，在实施过程中也出现了较高的还款违约率。各地统计的数字不同，有一个可供参考的数字为 28.4%。[①] 其中既有制度设计不合理因素，如毕业后六年还款造成的暂时无力偿还、学生分散各地还款不便等，更有恶意逃债现象，在货币信息弱势的论题里，我们主要强调后者，借款者履约固然获得收益，而在缺乏信用考察机制、监控机制和惩罚机制的条件下，违约会获得更大的收益，于是违约在道德自律差的学生身上出现；从银行方面看，贷款会得到利息收入，也可能遭受本金的更大损失，这种情况可借用一个简单的博弈模型来描述。

这样，在市场普遍供过于求的背景下，出现了助学贷款的供不应求局面，一方面是大量的学生旺盛的贷款需求；另一方面是银行的

---

① 搜狐教育网：《助学贷款》2007 年 8 月 9 日，参见 http：//news.haosou.com/ns。

"惜贷"行为。我国每年需要助学贷款资助才能完成学业的学生就有270万人之多，而受到助学贷款资助的学生6年来累计才115万人，平均每年能够接受贷款的学生还不到20万人，这远远不能满足在校贫困生的需要。① 银行的"惜贷"行为在现有制度框架下也是无奈之举，面对信息不对称，它不能像在价格机制完全的市场那样采取理性的提高贷款的利率行为，也不能让借款人提供相应的抵押或担保，因为国家助学贷款按规定本就是贷给家庭经济困难、在校期间所能获得的收入不足以支付其学业费用的学生。学生的信用无从保障，银行的最优行为就是不去冒险。

银行与学生之间的博弈

		学生	
		还贷	不还贷
银行	发放贷款	1, 1	-1, 2
	不发放贷款	0, 0	0, 0

三 人才聘用者的困惑

对单位而言，哪个单位不想拥有自己的专门人才，但总有被培训者置道德、合同于不顾而另谋高就，单位因此损失了获得人才的时间、机会和金钱。人们在这个问题上还存在模糊认识，即一个单位应该允许员工自由流动，人才流出同时会伴随着流入。问题是，如果这样的事情经常发生，这个单位很可能就总是充斥着非熟练劳动者，其工作效率将大打折扣。双方的博弈如下表所示：

单位与职员之间的博弈

		职员	
		不离开	离开
单位	培训	1, 1	-1, 2
	不培训	0, 0	0, 0

---

① 仲晓东：《大学生助学贷款困境的经济学分析》，《经济体制改革》2009年第1期。

从上述博弈看，单位培训和被培训职员不离开培训单位，是共赢，分别得到正的收益1即（1,1）；如果单位培训后，职员却离开了，则单位受损，收益为-1，职员则有更高的收益2即（-1,2）；若单位不培训，则无论职员离开还是不离开，收益均为0即（0,0）。

职员离开的理由可能多种多样，如气候不适应、与亲友团聚、更高的收入等，但有一点是确定的，那就是他违约了；单位或许也有若干不适合受训职员的因素，但有一点也是确定的，那就是它受损失了。

职责违约以后，单位对其行为的影响是，向违约者索赔，同时对后面的培训担惊受怕，会在培训与不培训之间摇摆不定，降低培训效率甚至整个组织效率。2014年，格力公司一下子跳槽600多名员工，其受损后的行为模式很可能与助学贷款机构类似。

四 国家的困惑

国家投资的人力资本如派遣到国外的留学生甚至流向了不友好国家或地区，造成的就不仅仅是经济上的重大损失，危害的可能是整个社会的长远利益。

双方的博弈如下表所示：

国家与留学人员之间的博弈

		留学人员	
		回国	不回国
国家	派出	1, 1	-1, 2
	不派出	0, 0	0, 0

从上述博弈可知，国家派出学习和留学人员回国是最好的组合，双方分别得到收益1即（1,1）；如果国家派出学习，而派出人员不回国服务，则国家遭受损失，收益为-1，不回国人员得到更高的收益2即（-1,2）；如果国家根本就不派人员出国学习，也就无所谓回国与否，双方收益均为0即（0,0）。

国家受到损失，不会动摇其向外输送人员的大政方针，但会调整其政策规定，减少以后的损失。这种行为反应模式与上述父母的模式类似。

第三节 人力资本收益分配中矛盾的危害及出路

如果人力资本收益分配中的矛盾不能科学解决，人力资本自然人承担者将难以获得物质资本投资者的支持，从理论上讲，人力资本应该属于投资者和自然人共同所有。人力资本与物质资本不同，需要接受培训的人付出艰苦的劳动才能形成，如果只有资金物质等外在的投入，被培训者不努力学习，人力资本是不能形成的；相反，若没有一定资金物质的投入，被培训者的学习得不到物质支持，人力资本也是不可能形成的，只有把两者结合起来，才能得到人力资本，所以说，人力资本应归投资者和被培训者共同所有。人力资本的物质投资者虽然没有创造价值，但是，它也有理由参与分配，分配者不等于创造者，这首先是为了调动物质资本投资者的积极性，资本所有者法律上的所有权如果得不到经济上的实现，社会发展也将得不到其投资支持。其次生产资料对价值具有间接贡献。生产资料是使用价值的重要生产者，而使用价值是价值的物质承担者，因此允许资本参与分配。

一 对投资者的重要影响

理论上说，人力资本投资者应该得到人力资本收益中的一个份额，而实践中却难以公平地落实，物质资本投资者贡献的是资金，自然人贡献的是主观努力，两者参与分配的比例无法落实，而前者付出的管理等更加难以量化，面对人力资本投资者和被投资者之间密切相关，法律也难断究竟，所以，投资者容易产生悲观预期，使其对人力资本投资退避三舍。

进一步分析，实践中，人力资本收益分配中的货币信息弱势还会对投资者产生重要影响：

第一，影响其投资价值观。违约者给其人力资本投资者带来的是实际的和心理上的双重消极影响，而且这种违约事件影响深远，客观上说，人力资本自然人承担者是可能的守约者，在投资者眼里却是可能的违约者，双方的信任生成遭遇于悲观的预期。由于看到培养孩子的金钱等高昂的代价，许多人将不再生育；很多真正守约又对助学贷款有迫切需要的学生将得不到资助；本应接受单位培训的人员会丧失机会；国家的派出人员也许将受到更加严格的制约；投资者成为矛盾的主要方面。

心理预期与投资行为的关系密切。投资是为了获得金钱、情感和荣誉等方面的收益，积极的心理预期导向积极的投资行为，而消极的心理预期看不清投资到回报到底有多少，甚至得出必然赔本的预测，投资行为必定是消极的。

第二，唤醒投资者的投资危机管理意识。投资危机即投资损失，货币信息弱势使投资者在危机潜伏期建立起预防能力，他会分析人力资本投资的前景；在危机爆发期，即当损失真的发生时，投资者会启动其控制能力，使自己的损失最小化；在危机解决期，投资者将提高其恢复能力，使自己尽快恢复投资能力和信心，但这时的投资能力和信心恐怕已经从人力资本转移他处了，因为这场危机是"人祸"，而非"天灾"。

二 人力资本投资者的公平回报

要破解人力资本投资难题，使人才有人培养，培育者有公平的回报，需要培养者、被培养者和社会共同的、多方面的努力，实际上，家庭、机构和国家等不同层面的人才培养从来也没有停止，很少有人因噎废食，随着新时代的发展，从微观到宏观将不断地迸发出新的智慧。

人力资本自然人承担者难以获得物质资本投资者的支持这种后果体现着信息剩余的思想和规律，谁违背了诚信，谁就要承担后果。如果说货币信息弱势理论是用来解释各种市场失信行为的根源，那么信息剩余理论则给出了诚信交易实现的根本出路。

第九章 信息剩余理论的应用性研究
——债务市场问题

第一节 债务市场中的诚信关系

人们对于债务诚信处理，欠债还钱即是其具体践行。同时，毋庸讳言，社会上也还存在一些"赖账"现象。对此，我们应该怎样认识呢？还账与赖账行为背后的心理道德基础是什么？后果如何？人们又为什么要遵守诚信呢？如何推进诚信建设制度化？带着这些问题，我们进行下面的讨论。

一 债务诚信的根基

信义兄弟孙东林、替夫还账武秀君和瞒父赔款的老板儿子，等等。他们认为，欠债还钱是十分应该的事情，自然而然、天经地义，与之相对照的那些赖账者想的却是怎样占人家的便宜，占到便宜还要想方设法、挖空心思地找到一个"正当"的理由。

诚信是人际交往中围绕利益的相互尊重，利益是个人立身处世的基础，失信就等于拆除了对方的基础，必然会遭遇强烈的反应。因此，在社会经济生活中，如果能够彼此尊重，则能在它所产生的秩序、高尚和信念下达到相生相长；反之，若投机取巧、互相伤害，则害人害己，因为其中存在休戚相关的利益主体，这种利益主体是实在的，而不是虚置的，他对自己受到的侵害在意敏锐，具有坚定的维护力，这样的利益主体是一般的、普遍的，即使一时侥幸错过也终将相遇。

人们为什么要遵守诚信呢？其中的原因可以分为外在的和内在的。外在原因主要有制度奖惩、报复威胁和声誉支持等。行政法规等制度告诉人们什么事情可以做，其实质是个体利益正当性，也可称作正面清单制度。同时告诉人们什么事情不可以做，其实质是排除个体利益的非正当性，也可称作负面清单制度。正面和负面清单制度具有的共同特征是无论如何一个个体利益都必须尊重其他个体的特殊利益和社会的共同利益，对于制度认可的期待和对于制度惩罚的逃避使人们遵守有关诚信要求的各种制度。人际关系呈互动性，有损于人就会招致他人损害，这种报复的可能性对失信之人构成一种退却功能。当然，报复行为属于原始的同态复仇，它不讲程序、冤冤相报，直接有力却会导致缺乏第三方仲裁的天下大乱，使设想的同态对称落空。现代文明社会，摒弃了这种私力救济性质的自发行为或被赋权行为，把反击的权利交给公力救济性质的国家系统，这样展开社会共享的适度和秩序。人是社会动物，渴望社会的承认，遵守诚信才能够获得这种承认，背信弃义终究遭到社会抛弃，所以，声誉传播也是一种强有力的诚信机制。

二　债务的歉疚机制

诚信是道德的一种重要表现，其内在的根源是歉疚感。人人都有良心，人们的言行往往同时汇聚着认识、法律、情感和道德感，道德感即良心是其中一个作为人的至关重要的组成部分，赖账者也有良心，那是一颗不安宁的心，不安宁的心是良心的扭曲表现，大大降低了他的生活质量。进一步地，世上没有抽象的人，也不存在抽象的、超时空的道德，具体的个人没有能力创造历史和道德，他生来就进入了一种历史道德境况之中，人及其思想道德都是一定的历史条件的产物，在一定的历史条件下，人们为了生存和发展，逐渐演化出了一套相处之道，这是历史唯物主义观点。古代稀少的商品在小范围的熟人之间进行交换，诚信是它的保障，现代化匿名大市场虽然更加突出了其契约性，但制度总是由于客观事物的复杂性和主观能动的局限性而难免漏洞，所涌现的权利的公共领域就成为抢劫的对象，这时道德才是有效的约束，道德是市场经济的客观要求。

第二节 债务市场诚信建设制度化

一 多因素合力

如何推进诚信建设制度化？这就要把外在因素和内在因素结合起来，构筑有机的立体化的奖惩评价机制，使各种机制之间相互支撑，只有建立在外在约束基础之上又得到内心认同的道德构架才是稳定可靠的。欠债理应还钱，守德方能立世，大家一起遵守诚信，必能建成一个诚信社会。

二 诚信记录的一票否决制

比内在道德更加现实可行的是信息剩余思想理论指导下的制度设计，如借贷的诚信记录一票否决制度，无论项目多么盈利、贷方的回报如何可观，只要借款人有过道德失信记录，他就得不到想要的资金信用，这是比事后的法律追究等更加安全可靠的诚信交易保障制度。

第十章 信息剩余理论的应用性研究
——循环经济问题

循环经济中也有一个诚信问题，从信息视角对其贯彻实施的直接主体企业进行诚信分析，有利于健全循环经济市场，完善企业微观动力机制。下面就河北省循环经济问题进行阐述。

第一节 研究背景

研究背景从实践、政策和理论三个方面来叙述。

一 实践背景

这种背景讲的是企业行为与河北省对循环经济需求的矛盾，一方面，企业作为循环经济的主体对循环经济行为的逃避，主要表现在：第一，为应付检查做表面文章；第二，为逃避惩处而进行"寻租"行动；第三，没有真正运行循环经济设施设备，偷排污染。其中的原因是：第一，循环经济设施设备增加了企业运行成本，成为负担；第二，循环经济产品与市场需求错位，不能够形成生产和销售的良性循环；第三，外在监督执行不力，包括检查信息泄露和惩处过轻等。

与企业行为相对应的是河北省资源和生态的严峻形势，如京津冀地下水超采区域漏斗已有20多个，面积达7万平方千米，形势十分严峻。京津冀及周边地区地质构造复杂，活动断裂发育，地壳稳定性较差。京津冀三地沉降区面积达9万平方千米，年沉降速率大于30毫米的严重沉降区面积约2.53万平方千米，部分地区年最大沉降量达160毫米。① 地下水累计超采960亿立方米，是多年平均地下水资源总量的5.8倍，水土流失面积6.3万平方千米，荒漠化土地2.72万平方千米，分别占该省国土面积的30%和44.4%，北部张家口、承德市和西部太行山区水土流失和风沙危害尤为严重，森林覆盖率为23.25%，人均林地面积0.83亩，不足中国平均水平的5%。② 大气污染居全国之首。

二 政策背景

我国及河北省多年来高度重视循环经济的建设，包括鼓励、补贴、科研和督察等方面，同时与实践相并行的新老问题也层出不穷，下面通过循环经济中企业视角的切入进行研究，希望为政策的不断完善提供一定的参考。

我国现行循环经济政策主要有：

第一，政策手段阶段。20世纪70年代起，开始出台一系列政策来推动环境保护和资源的循环使用。1973年召开第一次全国环境保护工作会议，国家计划委员会拟订了《关于保护和改善环境的若干规定》，提出努力改革生产工艺，不生产或者少生产废气、废水、废渣；加强管理，消除跑、冒、滴、漏等要求。

1985年，国务院又批转了国家经济委员会起草的《关于加强资源综合利用的若干规定》，对企业开展资源综合利用规定了一系列的优惠政策和措施，并附有相关的产品和物资的具体名录，使企业一目了然。循环经济主张"减量化、再使用、再循环"的经济活动原则，资源的综合利用，实际上就是今天我们所称循环经济的内容之一，与"再循环"相契合，所以，该规定的公布实施，有力地促进了我国资源综合利用工作的开展。

1996年8月，国务院发布《关于环境保护若干问题的决定》，其中规定：所有大、中、小型新建、扩建、改建的技术改造项目，要提

---

① 张清华：《京津冀地质生态环境形势严峻 地下有20个"漏斗"》2014年12月1日，参见 http：//news.haosou.com/ns。

② 中国新闻网：《中国资源》2007年3月21日，参见 http：//wenda.haosou.com/q/1367196628060516。

高技术起点，采用能耗小、污染物排放量少的清洁生产工艺。

1997年4月，国家环保局发布了《关于推行清洁生产的若干意见》，要求地方环境保护主管部门将清洁生产纳入已有的环境管理政策，以便更有效地促进清洁生产。

1998年11月，国务院发布的《建设项目环境保护管理条例》规定：工业建设项目应当采用能耗物耗少、污染物排放量少的清洁生产工艺，合理利用自然资源，防止环境污染和生态破坏。

党的十五届四中全会做出的《关于国有企业改革若干问题的重大决定》指出：鼓励企业采用清洁生产工艺。在国务院机构改革过程中，有关环保产业和清洁生产的职能在新一届政府的各部门中做了重新划分，把如何解决经济发展与环境保护的协调问题作为一个重大问题来对待，国务院综合部门对此负有重大责任。

第二，政策法制化开端。2002年6月29日，《中华人民共和国清洁生产促进法》获得通过，并于2003年1月1日起施行。这是我国第一部以提高资源利用效率、实施污染预防为主要内容，专门规范企业等清洁生产的法律规范。该法的公布实施，表明我国发展循环经济是以法制化和规范化的清洁生产为开端。

第三，十八大相关政策。十八大提出，要"发展循环经济，促进生产、流通、消费过程的减量化、再利用、资源化"，并提出了"推动资源利用方式根本转变"的新要求。《发展战略及行动计划》紧紧围绕生态文明建设的总体要求，把提高资源能源利用效率、改善环境质量等任务贯穿始终，按照"减量化、再利用、资源化，减量化优先"的原则，明确了提高资源产出率、土地产出率、水资源产出率等资源利用效率和效益的具体目标，较为完整地提出了在生产、流通、消费各环节发展循环经济的具体政策措施，同时对各行业、各领域和全社会发展循环经济做出了具体部署。

第四，地方和部门的有益探索。我国一些地方和部门在发展循环经济的法规和规章方面做了不少有益的探索。河北省一直落实中央精神，如2006年3月发布了《河北省人民政府关于加快发展循环经济的实施意见》，主要目标是：2010年，全省万元生产总值综合能耗比

"十五"末期降低20%左右（降至165吨标准煤）；万元工业增加值取水量下降到66立方米左右，工业用水重复利用率提高到77.5%，城市污水集中处理率提高到70%，再生水利用率达到20%；农业灌溉水有效利用系数提高到0.74以上；工业固体废弃物综合利用率提高到60%以上；矿产资源总回收率和共伴生矿综合利用率均提高8个百分点；废塑料、废金属、废橡胶、废玻璃回收利用量提高65%以上。发展目标是：培育15个符合循环经济发展模式的园区、5个资源节约型城市和200家循环型企业。通过五年努力，建立起比较完善的发展循环经济政策法规体系、技术创新体系和激励约束机制，全省资源节约和综合利用水平大幅度提高，初步形成具有河北特色的循环经济体系，为建设资源节约型和环境友好型社会奠定基础。①

河北省从2013年开始建立循环经济统计制度和循环经济示范单位评价办法，实行循环经济评价与节能减排考核同时部署、同时调度、同时考核。② 出台了一批法规和文件，其中包括修订完善了河北省《大气污染防治条例》，在全国率先制定了《关于办理环境污染犯罪案件的若干规定》，还有3项地方性法规、1项政府规章列入了河北省2014年立法计划，为依法治霾提供了保障。同时，制定了《河北省钢铁大气污染治理攻坚行动实施方案》《河北省大气污染防治矿山环境治理攻坚行动方案》《河北省治理淘汰黄标车工作方案》等一系列文件，综合采取多项防控措施，保证了各项治理工作向前推进。为治理大气污染，河北省不断强化科技支撑，从中央财政争取专项资金62.2亿元，省政府设立了8亿元大气污染防治专项资金，在2014年项目安排和明年预算中，投入科技资金1亿多元，布局和实施60多项重大技术研发和成果转化项目，这是2014年12月召开的省政协2014年1号提案。"智慧环保"建设，利用卫星全方位开展立体化监测，成为全国首个实现"天地一体化"立体全覆盖监测省域的省份，还实施了大气污染防治"双百工程"，研发应用河北省大气污染防治

---

① 大家论坛：《论完善我国循环经济建设政策》，《大家论坛》2010年4月26日。
② 周迎久：《河北建立循环经济统计制度》，《中国环境报》2013年2月19日。

急需的 100 项关键实用技术，实施 100 个重大成果消化吸收再创新项目。

我国循环经济法律在实践中已经发挥了积极的作用，为我国企业提高资源利用效率、加强清洁生产和废物回收利用工作，提供了法律和政策上的依据及支持，企业和个人依据这些法律及政策也确实得到了一些经济利益上的实惠，这在客观上有利于污染的预防。

当前循环经济政策的不足：

第一，从总体上看，还处于起步阶段。一是对全局有重大影响的实质性内容的规定少。二是仍有不少法律上的空白。例如，发展循环经济涉及财政、税收、金融、投资、贸易、资源回收、科技、教育培训与企业经营等方面，同时涉及包装、垃圾处理、建筑、食品、化学品、家电、服务行业等领域，需要制定法规或者规章的任务很多很重，有许多法律上的空白需要填补。因此，我国虽然有了一些关于污染预防、资源综合利用的规定，有的环境法律法规中也规定了一些关于循环经济的内容，甚至在一些法律条文中也有发展循环经济的规定，但是，从总体上看，还是初步的。

第二，立法质量有待提高。一是发展循环经济的立法思路并不是很清晰。已有的一些规定比较原则，可操作性不强。二是若干相关法律之间还存在不够协调等问题。三是有关的配套措施不到位。我国人口众多、幅员辽阔、各地发展情况很不平衡，法律公布后立即制定实施条例或者实施细则是十分重要的，实施细则与法律不配套的问题必须解决。

第三，有关循环经济法规的修改严重滞后。发展循环经济，与传统环保理念中的末端治理有着根本的不同。现行的环境法律法规中，一些制度已不能适应新形势下污染防治和发展循环经济的需要，需要引起立法机关高度重视，在立法理念、立法决策、法律实施等方面采取坚决措施，进行大胆的变革，以便不失时机地将修改不合时宜的法律列入立法议程。[1]

---

[1] 大家论坛：《论完善我国循环经济建设政策》，《大家论坛》2010 年 4 月 26 日。

第四，政策的企业针对性需要进一步加强。企业是真正的循环经济主体，尤其是生产领域，政策应研究如何进一步面向企业诉求和激励进行改进，以求实效。

三 理论背景

理论界关于循环经济的著述浩如烟海，研究范围广，包括循环经济的含义、国际经验、政策措施、意义和紧迫性、市场对接、法律规范、区域协作和技术工艺改进等；实证资料较多，包括案例和数据等；理论分析全面，包括循环经济的各个学科理论基础，如经济学理论、社会学理论和伦理学理论等，涉及马克思主义的有关思想、中国传统文化中的循环经济思想和西方循环经济理论，分析了循环经济的问题、危害、成因和出路等。

其中不足的是，面面俱到，缺乏专题深入挖掘；实证分析表面热闹，对于到底症结何在一笔带过；视角多宏观，对企业这一重要的微观主体缺乏单独分析。鉴于此，本书选择了企业视角。

第二节 河北省循环经济研究现状

河北省循环经济建设任务繁多，既包括理论、政策和实践多个维度，也包括循环经济本身问题的方方面面，如循环经济的目标、技术工艺、动力、利益调整、成本和产品市场等，还有循环经济所涉及的各个方面，如就业、法律、社会和谐、区域协调和经济增长等，其中企业微观动力机制的研究是一个非常具体的问题，研究这个问题不是为了增加企业的利益，也不是单纯地助推河北省经济的发展，而是推动河北省循环经济的建设。

一 国内研究的主要问题及评价

国内关于循环经济的文献很多，可查到 4 万多条，研究范围也较广，主要涉及以下几个主要问题：

第一，循环经济与金融和财税等各个领域的关系。如李虹、艾熙的《构建适应我国循环经济发展的金融支持体系》（《浙江金融》

2011年第1期）；伍红的《借鉴国际经验完善我国促进循环经济发展的税收政策》（《企业经济》2012年第5期）等。

第二，地区循环经济研究。如李伟的《广州市循环经济发展理论研究》（《特区经济》2007年第2期）等。

第三，循环经济发展模式。如苗泽华、苗泽伟的《基于循环经济的工业企业生态工程发展模式探析》（《企业经济》2011年第10期）等。

其中的问题是，微观机制的研究很少，如郑祥江的《推动循环经济发展的微观机制》（《经济导刊》2010年第4期）等，但他是总体上抽象地研究，没有结合河北的情况。

二 国外研究的主要问题及评价

第一，循环经济理论研究。如鲍尔丁的《地球像一艘宇宙飞船》（1965）等。

第二，循环经济实践研究。微观层面，美国杜邦模式，3R原则在企业内部实现。中观层面，丹麦卡伦堡模式，建立生态工业园区，以贸易方式把对方的废料买过来进行加工，变成新的产品。德国和日本宏观层面的双元回收系统模式，对包装等废弃物进行循环利用。

国外发达国家的循环经济意识比较好，所以，对动力方面的研究较少，其技术和组织制度等实践方面的探索比较多。

第三节 河北省循环经济内容

在循环经济理论中引进微观结构性因素，是研究循环经济的关键。于是这样一个问题就突出起来：企业的动力到底如何影响宏观的循环经济？为此，我们必须进行微观结构与动力机制的重组再造。

一 企业微观动力机制的含义

企业微观动力机制是指企业有机体在运行过程中所表现出来的一种强有力的内在推动力和一系列制度安排，如行为目标和调控手段等，各要素之间既相互协调又相对独立。企业微观动力机制存在于企业运行的生产和营销等各个环节，以及管理和人事等各个方面，这里限定在循环经济方面，特指企业进行循环经济活动的内在推动力及其系列制度安排。

二 河北省循环经济的企业微观动力机制现状

（一）现行动力机制

从调研中了解的情况看，现行主要动力机制有：

第一，企业自身性的利益驱动机制。企业谋求利润最大化，如果搞循环经济能够带给它更多的利润，它就积极；反之则冷漠。

第二，事前性的要求机制。循环经济的发起对河北省来说是一种现实资源环境恶化的倒逼机制使然，具体起点则是政府对企业等微观主体的要求布置，是一种从上到下的过程。

第三，过程性的监督机制。政府在企业循环经济实施过程中进行监督检查，因为企业为了节省成本往往对循环经济的要求偷工减料。

第四，事后性的惩罚机制。主要包括工商行政处罚和经济处罚等。

（二）现行动力机制存在的问题

现行动力机制使企业进行循环经济具有被动性，政府在审批和资金等方面不堪重负，没能形成面向市场经济的循环经济生产和销售。循环经济中存在的这些问题可以从多个主体的角度进行概括，下面侧重于企业视角，企业面临的问题可以从四个方面来总结。

第一，政策审批。对于审批手续而言，虽然国家政策支持循环经济产业园区建设，但是，审批时政府要征求各方意见，有着比较烦琐的过程，因此，审批的时间周期很长，例如，对于园区而言，园区建设的各种手续，首先要获得省市政府对于建设权限的认可，领取项目备案证，发放到各级部门，省里统一编号等。其中有两个问题比较突出，首先是审批环节繁杂，审批程序有核准类和备案类共计30多个程序，营业执照，准备材料，区域安全，项目建设周期比较长，建设要求比较严格。等到所有手续全部办齐，市场机会已经过去了，企业的机会、投资和时间等都是有成本的，政府有关审批部门如何既在宏观上把好关又能够照顾到企业的时间宝贵性，是一个亟待解决的问题。其次是落实不到位，园区管委逐步健全，各种审批权下放园区，省里有16项权力下放至园区，市里84项权力下放至园区，但是真正实施起来，权限需得到省市认可，项目的备案证，全省统一编号的需要发改部门的审批等，政策得不到落实。

第二，资金。园区内项目投资建设主要依靠上级项目支持和企业投资，循环产业投资强度大，需要资金多，动辄成百上千万元，而财政的困难，加上经济下行因素表现为利润微薄，甚至成本与价格倒挂，使企业融资很困难。资金问题是目前最大的障碍之一，循环产业在发展过程中往往因资金短缺而导致基础设施配套不足，影响产业发展。目前园区建设的融资渠道，主要是以企业投资为主，其余则通过项目的招商引资和银行贷款等金融渠道解决。

第三，技术。循环经济发展需要强有力的技术作为支撑，循环产业各个环节中的技术难题均需要研发，但行业领头专家、关键技术人才和产业工人短缺已成为加快推进循环经济发展的一大"瓶颈"。关于循环经济的主要技术，一种是废物利用性的，另一种是毒性物质化解性质的，还有一种是产业链拉长性质的，其中有些属于世界难题，回收再利用，要完全吃干榨尽，真正达到循环，就需要技术突破。当然，除了技术门槛较高，也有提取的产品附加值有限的问题，利润较薄，企业对此积极性不高。

第四，市场。企业的根本是利润，循环经济企业也不例外，如果市场需求强大，上述再多的问题也能够想方设法克服；反之，若市场需求不旺，其他问题即使都解决了，企业的微观动力也是不足的。现在，我国的经济中市场因素多了，企业有较完全的自主定价权，但循环经济产品由于成本、营销和社会对生态产品的信任等问题难以大有作为。目前的价格形成机制没有反映资源稀缺程度和供求关系，资源性产品价格不合理，许多产品价格没有体现出资源和环境成本，以致资源短缺与浪费并存。从理论上讲，缓解资源约束压力的一个根本性途径是健全资源性产品的价格形成机制，让供求关系真正起作用，但实际上社会经济中的各种问题交织在一起，如果循环经济产品过高定价，百姓是否能够承受得了，这又涉及社会分配的合理性问题。

三 河北省循环经济的企业微观动力机制问题的危害

从总体上讲，河北省循环经济的企业微观动力机制所产生的问题会降解循环经济的效果，对当地资源生态环境造成重大损害，具体来说，主要有三种。这里，重点分析"寻租"行为。

第一，对循环经济部署缺乏整体的贯彻落实思路。有的企业督促一下落实一点，或对循环经济的精神理解不到位，缺乏整体谋划，或由于牵涉面广，无力进行整体谋划。

第二，对循环经济检查疲于应付。循环经济所要求的制度、资金和技术改造创新严重滞后。循环经济在协调利益关系、规范主体行为和降低技术成本等方面都需要新的制度安排，相应的资金等也要及时跟上，正是由于企业微观动力机制问题而产生的应付方式使上述制度等严重缺乏。

第三，"寻租"行为兴起。"寻租"一般是指对垄断利益的一种追逐行为。政府的立法和政策，或者是由公共物品构成，或者是由转移支付构成，在这些公共物品和转移支付中包含着庞大的政府预算，蕴藏着巨大的利益，可以把整个政府预算视为是供那些能够施加最强大的政治压力的人竞购"租金"。"寻租"对社会来说是一种浪费性支出，詹姆斯·布坎南把这种支出分为三种类型：①垄断权的潜在获得者的努力和支出；②政府官员为获得潜在垄断者的支出的努力；③垄断本身所引发的第三方资源配置的扭曲，即人们努力去获得能够分配垄断权的职位。

现有循环经济的企业微观动力机制与"寻租"行为的关联：首先，现有循环经济的企业微观动力机制更多的是强调政府的外在作用，企业被动应付，这是产生"寻租"行为的内在动因；其次，政府掌控着众多的循环经济信息和物质资源，这是企业向政府"寻租"的现实根据；最后，这种资源在不同企业的分配没有绝对的、不可超越的标准，所以，资源掌控者有权力空间向"寻租"者进行利益倾斜。

四 河北省循环经济的企业微观动力机制问题的成因

经济人有两个特性：一是自私利己；二是会算计，即计算成本收益，要尽可能地做到少投入多产出，一定的投入要获得最大的产出，一定的产出要付出最小的成本。

企业作为独立的市场主体，其思维方式和行为方式是符合经济人特性的，为了自己的利益，往往损害他人和社会的利益，在循环经济问题上也往往使自己的成本小于总成本，其中社会和他人所受损害的成本是不被经济人企业所考虑的，同时使自己的收益大于社会收益。

企业与其监管者之间的信息不对称。用信息经济学的语言来表述，企业属于代理人，而监管者政府属于委托人，代表的是社会利益，政府委托企业搞好循环经济活动，但企业追求的是自身利益，在有关信息问题上处于作为直接循环经济活动者的优势地位，而政府处于劣势地位；企业的优势信息主要有：企业对待循环经济的态度是否真诚，实行循环经济的真实成本和循环经济产品的成本质量等，而政府通过资金和优惠政策等所给予企业进行循环经济的激励却可能在企业优势信息下失去应有的意义。

现实中的代理现象特色各异，但它们有一个共同点，就是都体现了货币的无能，即交易中的货币所有者会成为信息弱势者。这里需要强调的是：

第一，这种货币的弱势地位与货币持有者是买方还是卖方无关。在买方与卖方的对立中，有时买方处于信息优势地位，如买方对交易物更加了解，卖方知道得却较少，以至于非常便宜地卖出了具有很高价值的东西，但人们一般认为卖方处于信息优势地位，因为卖方最清楚其商品的质量，买方作为出资者往往吃亏。

第二，这种货币的弱势地位与买方市场还是卖方市场无关。买方市场是供大于求的市场，卖方市场是求大于供的市场。在供大于求的买方市场上，卖方之间竞争激烈，他们竞相出售，买方虽然拥有讨价还价的优势，但交易最终也要落实到买卖双方的具体关系中，仍然会有买方信息弱势的问题。在供不应求的卖方市场上，买方之间的竞争变得激烈起来，他们竞相购买，作为货币所有者的买方失去了讨价还价的优势，在与卖方的对立关系中，关于商品质量的信息弱势地位的可能性就更大了。其中的竞争状况并不只反映在价格的升降上，也表现在商品或服务的质量的高低上。

第三，与竞争性市场还是非竞争性市场无关。竞争性市场和非竞争性市场是根据供给者之间的竞争程度划分的，竞争性市场可以给消费者带来较多的实惠，这时，供给者为了增加销售、在市场竞争的外在压力下，难免主动化解一些私有信息，如使原本很高的定价降下来，提供质量更好的商品和服务，但即使如此也难以排除消费者在商品信息问题上的弱势地位。其他市场形态，从垄断竞争、寡头垄断到完全垄断，导致供给者的私有信息越来越严重，消费者渐次走向市场"黑箱"，货币选票的权利越来越没有保障。

货币信息弱势理论对社会问题具有广泛的解释力，如可以增强对人力资本收益分配、保险关系和教育关系等问题的解释力和理解力。这种理论能力来自经济对社会各个领域的渗透性等。对缓解社会矛盾，促进社会经济进步有较大的认识意义和可操作性意义。

循环经济委托人的利益间接性。政府和社会组织，尤其政府是循环经济的发起者和组织者，循环经济并不是企业逐利的自发行为，而政府维护的是全社会的整体利益和长远利益，作为循环经济的委托人，政府把循环经济的最终落实者企业作为代理人，委托人的利益是间接的，即政府远不是循环经济的优良效果或糟糕结果的全部承担者，其成员有时疏漏，有时与企业合谋等，再加上政府目标的多样性，如在循环经济之外，还有就业等任务，这些都会使循环经济大打折扣。

信息不对称化解机制的缺乏。一个全心全意搞循环经济的委托人也常常受到经济人企业的蒙蔽，这种信息不对称是循环经济的破坏者，必须找到破解机制，才能够使循环经济得到发展，现有的在正常工作时间进行检查、检查前不注意保密的做法、惩罚轻微和宣传动员等机制还不足以解决信息不对称问题。

五 河北省循环经济的企业微观动力机制问题的出路

企业微观的活跃性和作为市场主体的自由性并不妨碍这种微观基础上整体循环经济的实现，从科学理论上看，一定可以找到适合的机制。

企业不能和集体利益相协调就必然被淘汰，对于生物进化而言，是环境和生物构成的多层次的选择作用,例如生态系统对群体的选择作用,即个体所在的环境对个体的选择作用。这种选择作用使适者生存,不适者淘汰。当环境趋向稳定时,物种趋向稳定。当环境剧烈变化时,物种可能发生"大绝灭"。

在环境选择和高层选择方面,人越来越能够主动适应并改造环境。使环境适合自身的发展;在法律和伦理约束下以及随着文明的发展,人类社会不断走向和谐,从而适应环境选择和高层选择。市场经济中充满着竞争和优胜劣汰,但是,整体上却是各部门、各产业紧密地协调与合作。那些看不到循环经济大势所趋的企业,不设法与循环经济对接的企业在这场发展方式的大变革中终将被淘汰出局。

河北省循环经济企业微观动力机制设计:

第一,信仰机制。从根本上看,企业在循环经济中各种私有信息的化解,除显性的制度安排外,最终还要归结到人的价值观的不断塑造上,通过宣讲和奖惩等机制使企业有所信仰、追金有道。

第二,法律机制。使循环经济的破坏者承担刑事责任,再不能用金钱了事,根据对循环经济负影响的程度,制定具体可行的法律条款。还有要发挥声誉机制的作用,对不法者除了绳之以法,还要形成全社会人人喊打的局面,使其因为没有社会责任的形象丧失生意机会,从它最在乎的利润着手,掐住其"七寸",必能奏效。

第三,制衡机制。制衡机制旨在克服信息不对称和政府利益的间接性,循环经济重大决策的参与主体多元化是克服政府利益间接性的较好机制,这也是现代社会治理的要求,在这种治理体制下,政府的怠惰与合谋等问题就会大大缓解。企业与政府、社会之间的信息不对称,可以通过"退货制度"机制来平衡,即企业的循环经济产品与设施等不合格就要被退回企业,由企业承担其不良行为的后果。

在以上机制中,大体上来讲,信仰机制是事前的,制衡机制是事中的,法律机制是事后的,它们互相支撑、互相促进,共同完成循环经济发展的使命。

六 对策和建议

第一,实行管理的动态机制。在循环经济各环节中,一定时间内哪个问题突出,就重点解决哪个问题,如此时设施配备不到位,就督促设施配备问题,彼时设备闲置,就督察设备切实运行问题。

第二,加强循环经济技术研究。技术是硬件,在低层次技术水平下搞不成的循环经济,在高层次的技术水平下就可以成功。如煤炭开采中的保水技术、煤与瓦斯共采技术等都可以实现循环经济效果。

第三,与企业加强沟通。严厉惩戒,同时多联系,倾听企业诉求,帮助企业加深对循环经济的理解。

第四,政府与社会各界合作。政府进一步真抓实干,利用各种社会力量把循环经济的事情办好,政府力量再大,也难免力不从心,而调动居民、社会组织等多种积极性就会事半功倍。

第五,从考核上把 GDP 从第一的位置上撤下。循环经济与 GDP 不是对立的,但也有矛盾的地方,循环经济的一些环节可能降低产值和税收,但相对于循环经济大势来讲则是次要的。

第六,剔除市场万能的认识误区。市场经济的效率性在循环经济中会发挥一定的作用,如降低成本既是循环经济的要求,也是市场经济的追求,但很多方面市场经济又是不适合的,如教育、医疗卫生领域的循环经济问题和重要资源的规模化开采等方面,必须由政府主导。

第七,加快制定法律。如家电回收法、包装回收法和循环经济基本法,等等。

对河北省循环经济的企业微观动力机制研究总的意蕴是信息剩余思想:企业出于多种原因与循环经济要求持"打游击"态度,从而违背了服从社会管理和社会责任方面的诚信原则,企业又处于是否真正实行循环经济的信息优势者地位,那么各种政策对策的根本指导思想是,让失信企业承担其失信后果,如得不到实行循环经济的政策优惠,其传统的非循环经济行为会抬高它的运转成本等,只有如此,企业才会主动实行循环经济。

第十一章 信息剩余理论的应用性研究
——公共政策问题

第一节 信息成本的降低与公共政策需求

信号失灵会产生信息成本,而公共政策是降低信息成本的适当选择。

一 信号失灵

在市场经济中,经济主体的关系是一种非个人的关系,它们之间不必具有血缘、地缘等非经济关系,因为其中的协调性信息高度编码、抽象和扩散,是公开和公认的。然而,一旦这种信息因不真实而失灵,市场秩序将一片混乱,若要市场继续运行,必须有适当的信号维护来排除或减少杂音。在信息不对称的市场上,优质品企业会主动发送信号,向市场证实其商品的真实品质,方法通常有:创造自己的独特品牌,使消费者熟悉和认可;提供所受教育的证明来显示自己的能力。但这些信号往往失灵,信号失灵即由于信息的真假难辨而使这种信息失去导向作用,如假文凭、冒牌货侵犯了正规文凭和真实的品牌,但难以被雇主和消费者识别。不对称信息是指在对策中某些参与人拥有但另一些参与人不拥有的信息,可划分为时间上的不对称和内容上的不对称。从不对称信息的时间来看,包括事前的不对称和事后的不对称;从不对称信息的内容来看,既可以是指参与人的行动,也可以是指其知识或信息。本书说的信息不对称主要是指内容上的知识或信息。信号失灵是对市场赖以运转的信息特点的违背,市场的特征性信息是抽象的、编码的和扩散的,在非人格性的社会交换中,人们并不在乎另一方的身份,国际贸易的交易双方常常互不谋面,现代通信技术更是支持了这一点。正是依靠了这样的信息,市场的领地才得以巩固和不断扩大,以至于市场的这种自我调节性质变成了19世纪自由放任资本主义的依据。然而,市场的信息失灵却不是均衡的瞬间偏离,本来就不存在一个无摩擦的世界,没有信号的正确显示,它可能会引起其他制度形式,如计划经济替代,所以,在这里信号问题至关重要,忽视它就等于任市场自行坍塌。

二 信号维护成本比较及选择

修补失灵的信号总是要花费成本的,它无疑增大了社会经济运行的总成本,所以,这里不是要消除成本,而是如何降低成本。在信号失灵的状态下,集中遭受损失的是名副其实的商品和服务的提供者,所以,他们必然要采取措施保护自己,打击假冒伪劣,如使用防伪标志;质量承诺,即包退、包换、包修;证明自己文凭的真实可靠等。这些措施,有的可以由个人分别去做,如前两项,有的则不能由个人去实施,或者所花费的资源和成本之大而失去经济意义,如第三项,这时,就有必要推举一个总的代言人。在现代市场经济中,最合适的总代言人就是政府,在规范意义上原因有三:一是成本低。包括发送信号的成本和打击伪信号的成本。政府统一发送信号的行动可以节省个体分散活动的开支,如一个人只要拿到政府认可的某种文凭,就说明它是真实的,不必再由每个人去分头解释,这里面的工作就是要把个人的未编码的、具体的和不易扩散的信息,通过政府中介改造成大家共同的编码的、抽象的和容易扩散的信息。这种改造节省的是一种规模经济的成本。同时,对虚假文凭的打击也只有政府的力量最集中有力。二是信号证实的成本比较。政府信誉大于个人信誉,有时根本不是两者成本高低相比的问题,而是个人信誉根本不存在的问题,如文凭的场合。政府诚信是一个社会正常运转的基础,诚信是一个负责任的政府必然遵守的,其信号可以为全体社会成员所信赖,否则,没有了社会秩序,经济信号的真伪也就无关紧要了。三是支持而非替代市场。如果把市场和等级制政府都看作交易结构的话,那么可行的选择大多是各交易结构的适当结合，而不是某一种结构的排他性选择，但是，如果加入的其他因素过多，市场过程就会被挤出去。在市场经济中，只有市场无能为力的地方，才需要政府出头露面，在信息的规制方面也是这样，只要政府严格限制自己的权力范围，就可使其职能保持在支持的性质上。

第二节　信号规制与制度交易

信号规制是指政府为降低信息成本所采取的一系列公共政策的集合。信号规制是一种有效率的制度交易。

一　制度交易分类

制度交易在这里是指制度变迁，就是有关界定个人选择集的关系的变化，即解释社会对某一产权制度收益分享上的偏好。丹尼尔·W. 布罗姆利（1996）把制度交易分为四类：一是提高生产效率的制度交易。这种交易增加货币化的社会所得。在美国西部开发金矿的混乱的早期，只有少数好斗者获得收益，这时强者为王的制度损害了大多数参与者以及社会的收益，于是所有权制度应运而生，它比共同认可的行为准则更具有稳定性，由此矿井的产量明显增长。二是重新分配收入的制度交易。比如改变所得税法，如果认为现存的税法对富人宽厚而对穷人太苛刻，则可以提高富人的边际税率，同时对一些穷人免予征税，这种做法没有生产任何物品和服务，却能改变个人的效用函数。三是重新配置经济机会的制度交易。这种交易是对新的经济条件进行的重新调整，体现着认为谁的利益更为重要的看法。如对工人安全问题的态度决定着是否采用安全措施，社会对一般安全条件漠然与关注的不同态度反映出不同的社会无差异曲线。四是重新分配经济优势的制度交易。这种制度交易与"寻租"行为联系密切，如限制进口，对进口的限制给那些获得进口许可证的幸运者带来经济价值，进口品价格升高，消费者的收入转化成为"寻租"者的租金，同时也拉低了社会生产可能性边界。以上四种制度交易对社会总体影响是不同的，提高生产效率的制度交易是为了增加净国民收入，它由相对稀缺性变化而不由态度、偏好或者口味的变化所驱动。重新分配收入的制度交易建立在社会福利函数的变化基础之上，不同利益有了新的不同的权重，它有没有效率就看它是否符合社会预先界定的目标。生产效率的提高并不意味着社会福利的增进就在于此。重新配置经济机会的制度交易代表社会效用函数的前后差异，它本身构成特定的政策目标。这三种制度交易形式都对社会福利做出了积极的贡献，而重新分配经济优势的制度交易通过寻租中的一系列资源浪费减少了社会福利。

二 信号规制的归属

制度往往随经济条件的变化而演化，在资本主义发展的早期阶段，信号规制等被认为是不可思议的，因为市场本身能够实现完全的自发调节，而今它早已在社会经济中取得了一席之地，那么，信号规制属于哪一种制度交易呢？它又是如何增进社会福利的呢？从节约成本的角度看，信号规制应属于提高生产效率的制度交易，它可以避免因信号混乱导致的资源浪费，这等于间接地促进了传统效用函数的物品或服务的生产。从社会效用函数扩展的角度看，信号规制也可以归属于重新配置经济机会的制度交易，因为这种制度交易涉及社会偏好的变化，而诚信本身就可以作为政策目标直接进入社会效用函数。作为提高生产效率的制度交易，信号规制是手段，作为重新配置经济机会的制度交易，信号规制又是目的，同一个事物既是手段又是目的，这看似矛盾的说法实则蕴含着社会的进步，后者是比前者更高的社会境界，人们的生活质量得以改善，虽然政府在这里是信号规制的主体，但它只是反映社会集体要求的一个渠道，其间的动力来自一种集体意识——诚信。

三 规制信号的公共政策的局限性

（一）政府信号制度的可信度

上面已经谈到，从规范意义上讲，政府是建立信号制度的最合适的主体，但在这里的规范意义上，我们将会看到，政府主导的信号制度有一个可信度的问题，那么问题出在哪里？又如何保证政府信号的可信度呢？首先是激励问题。政府代表的是社会利益，即社会成员利益的总和，但其成员又有团体利益和个人利益，两种利益之间有一定的距离，这容易导致责任心不强的弊病。更为严重的是，如果这时放过意欲提供虚假信息者，反倒会增加社会成本。其次是杜绝交易现象。一是挑选胜任和负责的人员来掌握信息特权，胜任使之知道信息的价值、如何处理信息，为此，他需要背景知识来指导其分析；负责使之不滥用信息，他不可以像市场主体那样自由地追求个人目标，现在目标是上级规定的。二是在能力和知识匹配允许的情况下，实行职位的竞争，排除垄断。三是人员在职位之间定时或不定时地流动，采用这种办法使信息不断得到重新分配，可以加强等级制结构的制衡，从而保证所发出信息的质量。四是政府成员内在价值观的培养。假如每个人随时都有充分的远见卓识，都有促使他保证奉行公正与公平的强有力的爱好，都有足以坚持不懈地信奉普遍利益和未来利益原则的思维能力，抗拒眼前的快乐和利益之诱惑，那么，政府的决策就会更加完美，在这里，政府信号制度的可信度就会大大提高。

（二）意会信息的缺乏

信息可以分为数字式信息和意会信息（青木昌彦，2001）。数字式信息是指从环境的公共数字信息网络抽取的成文数据。这种信息可大致等同于布瓦索的"编码的、抽象的和扩散的信息"（2000）。它的优点是赋予特殊情况以一般性，使经验变得更容易理解和对他人更有用处，而且内在地具有较好的扩散性。另外，在这个过程中，由于发送者的偏见和接收者的知识局限，以及技术水平的限制和外界事物的复杂性，信息的丢失和扭曲难以避免，这些是人们之间认知和价值分歧的源泉。意会信息可以概括为样本式分析得出的非成文信息，它需要面对面的交谈，具体的观察、了解。这种信息可大致等同于布瓦索的"未编码的、具体的和未扩散的信息"。它范围狭小，不易传播，但能够在一定程度上克服数字式信息的缺点，可以更细致真实地输入客观信息。即使政府发出的信号是十全十美的，也只能是一种经过编码的数字式信息，而不包含具体生动的意会信息，这是编码信息的通病。例如，一个人手持政府颁发的一种资格证书，它代表一定的知识和能力，但这只是一般情况，具体这个人的实际能力是否与此一致，还有待雇主的面试和估价，所以意会信息往往是完成一桩交易所不可缺少的。从这个意义上讲，意会信息的缺乏就构成了政府信号的一个局限性。在现代社会，人们的交往既需要一般化的信息，又需要交往对象的特殊信息。一般化的、标准化的信息能够扩大活动范围，提高活动效率。特殊化的信息帮助人们确认一般化的信息、弥补编码信息的局限性，它决定着最终的成交。但前者涉及的多人数特点使之不易获得反馈，后者即意会信息由于人数少，容易得到及时的反馈，反馈的有无会影响到信息使用的效果，信号规制缺乏了意会信息，就等于少了一个信息回馈的渠道，进而削弱了其政策效果。解决这个问题，一要靠决策者细致的调查研究，二要靠信息使用者的弥补。

（三）官僚型信息的特点

作为数字式信息，政府信号有个可信度的问题，谈到意会信息，它又不具备，这种状况与其官僚型信息的特点紧密相关。布瓦索把官僚型信息的特点总结为信息是抽象的、编码的、未扩散的，即其扩散是受到中心控制的。正因为信息的扩散受到中心控制，就为少数人通过授权而合法拥有，从而产生了可信度问题。在官僚制度下，信息的扩散不像市场那样是随机的和自发的，而是有选择地、有计划地进行的，所以，信息的传播就必须由指定的个人来控制。模糊的、不易分析的和非常规的信息处理决定往往由上级做出，所以，每上移一个等级，也就具有更高一级的信息优势，信息也就在更小的范围内与人共享，这种情况在有利于高效决策的同时，也带来了可能降低所输出信息质量的弊端，因为这时决策人的非职位利益即个人和团体利益离职位利益即社会利益越来越远，而偷懒或为前一种利益服务的优势却越来越大，这时外在制约和内在价值观就越来越重要。也正因为政府的规制信息是抽象的、编码的，才会缺乏意会信息，在这种信息的使用过程中才需要意会信息的补充和支持，这一点与市场相同。官僚型制度靠着等级制来协调，人们的身份并不重要，关系是非个人的。政府是人类智慧为满足人类需要而创造的一种发明，信号规制也将向人类传送更多的福音。人们通过政治过程来表达和实现社会的基本价值，仅仅因为人们生活在一起；虽然政治过程只是途径之一，并且潜藏着危险，但其效果使其弊端得到容忍和克服；对于欺骗行为，私人的措施没有司法效力，相比之下，政府则垄断了对暴力的合法使用权，可以实施司法裁决，因而终不被弃。

第三节　公共政策制度的多级委托—代理风险

这里从利己本能与社会角色的冲突这一角度对由纯粹私有逻辑向相关者利益的转化和制度设计的意义等问题进行了系统考察，并以此解释了理论界普遍忽视的委托人风险的产生机理，进而将代理人风险和委托人风险纳入一个更为一般的理论模型之中。针对社会主义公有经济如何避免或减少委托人风险，提出了必须通过改革、完善制度等措施，以较好地协调利己本能与社会角色的冲突。

在委托—代理研究中，人们一般都承认存在代理人风险，即代理人对委托人利益的损害。实际上，不仅存在代理风险，而且存在委托风险。委托风险是指由于委托人方面的原因而导致的对合约双方利益的损害，主要包括委托人对代理人利益的损害和委托人对委托方利益的损害。就第一种情况而言，理论界已做出了一定分析。本书侧重研究第二种情况，即委托人"自损自"现象发生的内在机理，并试图从利私本能和社会角色的冲突这一角度把代理风险和委托风险纳入一个更为一般的理论解释之中。

一　利己本能与社会角色冲突的本质规定

"利己本能"，即经济主体实现自身利益的原始冲动。人类生存欲望的无限性与资源供给的有限性，必然使经济主体天然地具有"利己"的本能，源于生活的需要而产生的各种欲望及其自身利益的满足，是其行为的最初原动力。当然，这里的利益，既包括物质利益，又包括精神利益。与这种利己本能伴生而来的是经济主体行为中的纯粹私有逻辑，即财产占有的绝对排他性原则。从纯粹私有逻辑的原则出发，经济主体行为的目标函数中，是不包括其自身利益之外的任何

"相关者利益"的。由于人是社会性动物，其利益的实现又必须借助一定的社会关系并在其中来完成，即经济主体必须进入社会，扮演某种社会角色而实现。社会角色是其实现自身利益的职业选择，后者是实现前者的手段。各具利己本能的经济主体，为了实现自身的利益必须联合起来，走出鲁宾逊式的孤岛，结成为某种"社会组织"，共同地使用某些生产条件，共同地对付自然，从而获得组织收益，通过组织收益这个社会目标的实现，最终实现单个个体的个别目标。在这里，我们可以把"社会目标"理解为组织成员的整体收益，也可以理解为所有与组织成员有关系的"相关者利益"。一旦形成组织，单个个体的利益的实现形式必然发生转型：第一，个别利益实现上的间接性。在组织内部，个人的努力并不直接形成个人的收益，个人只能通过对组织收益的分配才能取得现实的收益，对组织的忠诚和努力是取得个人收益的间接途径。第二，个人利益实现上的兼顾性。由于组织收益是个人收益的前提，因而，经济主体的行为目标函数中必然兼顾组织整体及所有相关者的利益，因为相互承认彼此利益的存在是组织得以存续发展的前提。这样，在利己本能下产生的纯粹私有逻辑在组织运行中也必然发生相应的变形：对财产的绝对排他性占有表现为在组织内部合作地使用生产条件，共同分享组织收益，对产品自由地毫无限制地消费也进一步表现为顾及他人利益的消费。由于个人私利与相关者利益之间矛盾的存在，就必须设计出能将两者兼容的各种社会经济制度，制度选择的要义正在这里。人类有史以来的各种生产、交换、分配、消费的经济制度以及与它们相适应而产生的各种法律的和道德的规范，无不都是要从根本上协调两者的矛盾。任何制度是从两方面对之进行协调的：一是激励，通过各种制度安排鼓励单个个体对组织的忠诚，对他人的合作和努力；二是规制，即对那些不忠诚、不合作、不努力行为的惩戒，但是，由于人类理性的有限性和未来社会经济运动过程的不确定性，使任何制度在制定、执行过程中都存在种种漏洞，在制定过程中，不可能把所有未来合作中有可能出现的问题全部考虑在内，即便能拥有未来可能出现各种问题的全部信息，制度的执行和监督的成本，也有可能过大。在这种情况下，必然使具有利己本能的个人的行为发生扭曲，即钻制度的空子。在人与人的任何形式的合作（或合约）中，都普遍地存在这种可能。我们认为，这是一种源于个人利己本能在合约合作中的理性选择。利己的本能在制度漏洞存在的条件下，必然采取这种理性的选择，这也正是利己本能与社会角色发生冲突的根本原因。

二　利己本能和社会角色的冲突是委托人风险产生的根源

委托—代理关系中的委托人风险，即委托人对代理人利益和委托人自身利益的损害。第一种情况，较典型的例子就是人们常说的"包工头携款逃跑现象"，人们已多有研究。第二种情况，即委托人"自损自"现象，这种还没有得到一个较完满的理论解释，以上我们对利己本能与社会角色的冲突的分析有助于推进对这一问题的研究。委托人"自损自"现象，主要发生于有多级委托存在的条件下。在多级委托体系中，初始委托人与下级委托人（实质上是更高层次上的受托人）之间的合约中，由于信息的不完备和未来不确定性的存在，也必然存在一系列制度上的"漏洞"。这样，作为具有利己本能的各级委托人在自己的社会角色的扮演中，必然要进行"投入—产出"的理性比较，制度的不完备成为发生各级委托人风险的根源。委托人损害委托人利益有两种具体形式：一是初始委托人对下级委托人利益的损害和他对本人利益的损害。前者是由于初始委托人违约或者钻合约的漏洞给下级委托人带来损害，后者是指由于受初始委托人自身理性的缺陷而做出有损自身长远利益实现的错误决策。严格地讲，这种现象不属于委托人风险的范畴。二是下级委托人对初始委托人利益的损害，即由于下级委托人的违约或找合约的漏洞而导致的初始委托人利益受损。在这两种具体形式中，无论是初始委托人还是下级委托人，都具有利己的本能，其社会角色只是实现自身利益的一种途径，只要在合作的合约中存在规制上的漏洞，他们的经济理性都会驱使其行为走偏。作为初始委托人和下级委托人在走获利捷径时，也要对违约或"钻空子"的成本和收益进行比较。

违约，意味着不履行承诺，即对承诺的放弃，而承诺实际上是对必须如何行为的一种义务，或放弃不如何行为的权利。初始委托人与下级委托人之间的合约，实质上是双方就"应"如何行为和"不能"如何行为的权利和义务的交换。在这种权利和义务的互换中产生的交换规则规制着双方的行为，以使双方的行为合理化并维持合约的存在，使合作组织的整体效益增大，从而使初始委托人和下级委托人的利益分别得以实现并使其最大化。任何一方的违约都必然承担如下代价：（1）合约对方退出合约的威胁。一方对承诺的放弃实际上也就同时放弃了要求他方履行承诺的权利，他方退出，导致合约组织的解体，从而失去了从整体效益中实现个体利益的机会和可能。（2）在部分违约条件下，他方的不合作行为。部分违约虽然不会招致合约组织的整体毁灭，但已使合约成为不完整的，他方会采取负贡献式的报复行为，变本加厉地损害对方的利益。（3）退出或部分退出合约后的"再搜寻"替代者的交易成本。为了整体恢复或部分修复合约，必须进行再投入，而这部分成本又受到两类社会角色供给的规模以及与其相适应的竞争替代性的大小的制约。（4）违约在法律上要承担的经济社会的赔偿代价。以上违约的经济社会成本的大小又受到这四方面成本的实际实现程度的制约，在合约的实际运行中，退出合约的威胁性越大，他方报复的可能性越强，搜寻替代者及违约赔偿的代价越大，违约的总成本越高。由于制度本身的不健全，各级委托人"钻空子"在一般情况下不会给自身带来直接的福利损失。但这里有一点应该特别引起注意。由于制度（或合约）制定设计者理性的有限性会导致制度的不完备，势必使初始委托人和下级委托人在没有规则的合作区间内处于一种博弈状态，在这种无规则的博弈中，双方都可能取合约外收益（在合约中预先没有规定出来的），又都有可能受到合约外损害，这种损害也可以说是由于信息的不完善或理性的有限性造成的，因而通过钻制度空子所带来的负效应具有不确定性，也许它会很大也许它会很小，也许它会为零。正是由于违约行为的代价是确定的、显见的，而"钻空子"行为的代价是随机的、隐现的，所以，由于违约而造成的委托风险会远比由于钻制度空子造成的委托风险为少。这也是人们惯于从"制度漏洞"角度研究委托风险的主要原因。但是，我们得到了这样一个逻辑：利己本能与社会角色的矛盾导致合作组织合约中的违约和钻空子最终导致委托风险的发生。当委托人特别是下级委托人的"小我"私利与委托人的"大我"利益发生矛盾时,如果风险收益大于合约收益并大于风险成本时,委托人风险的发生就是必然的了。

三 启示

社会主义经济运行的低效率可以从多重角度进行实证分析,比如,从存在大量的代理风险的角度进行研究已取得了许多成果。我们认为,社会主义经济低效率的根源与其说主要是由于代理风险的存在,倒不如说主要是由于委托风险的存在,特别是国家作为全民所有资产的代表,他在充当初始委托人的角色和国有资产的各级管理机构(包括各级政府及其职能机构)充当下级委托人角色中,都在不同程度上(甚至有时严重地)存在违约和钻制度空子的问题,而违约风险可以说又是社会主义经济低效率从而发生委托风险最重要的原因。这是因为,在国家这个初始委托人和各级国有资产管理机构这些下级委托人的合约中,这些委托人的执行是由具有利己本能的个人及其联合体进行的,他们利益的非直接性导致了国有经济及其市场活动的低效或无效。

第十二章 信息剩余理论的应用性研究
——医疗市场问题

医疗消费中存在严重的货币信息弱势问题，它是医疗市场诚信缺失的一个重要机制，会造成一系列危害，其原因在于医疗的高度专业性、医疗消费的刚性需求和低需求弹性、信息差异和市场经济中意识形态的淡化。在经济学视野里，医患利益的差别是患者货币信息弱势产生的根源，若将医方的专业知识、信息优势、机会主义和病人的心理弱势相融合，就构成医疗消费中的货币信息弱势的充分必要条件；医疗消费中的问题反映出市场经济交易规则的溢出效应，顺应信息剩余理论，可以考虑由主治医师跟踪病人健康的制度安排，这样，病人的健康就可以找到责任人。

第一节 经济学视角的医患关系及其矛盾

一 医患关系的多个视角

医疗消费中存在货币信息弱势问题，这一问题指的是在医疗过程中病人相对于医疗方处于弱势地位，病人对于客观上的病情、治疗手段和适于药物等信息几乎一无所知，这种情况往往造成一系列危害。医患关系从多个视角来审视。

从医患关系的经济学视角进行分析。医患关系作为社会关系的一个组成部分，它体现了医患之间的最基本的交往。医患关系类型主要分为两类：技术性关系和非技术性关系。医患间的技术性关系主要是指医患之间在医疗过程中由于诊断、治疗、护理等方法产生的接触和沟通，这种关系以病患的诊治利益为准则，是医患交往中最直接的方式，对医疗效果起着至关重要的作用。技术性医患关系包括主动—被动模式、指导—合作模式和共同参与模式三种。这三种基本模式不是一成不变的，它会随着诊疗过程中病情的发展而有所调整，模式不断转化，来适应客观条件的变化。医患之间的非技术关系主要包括医患之间的非经济利益关系和经济利益关系。其中，医患之间的非经济利益关系是指医患之间存在的价值关系、道德关系、法律关系等。从经济学角度看，医患关系主要体现在医患之间的经济利益关系。医患之间存在的委托—代理关系。委托—代理关系是现代经济学研究中的一种常见的博弈关系。

在医患关系中，患者对医疗服务有极大的需求，但由于医疗专业知识的欠缺，通常对诊疗过程中涉及的具体信息了解较少，所以，患方在医患关系中作为委托人出现，而了解医疗服务全部信息的医方就成了代理人。医患关系是一种不确定性且不可监督的委托—代理关系，即医疗产品自身具有不确定性，患者通过自身或他人的经验提高判断力的可能性降低，也增大了这种不确定性。同时，双方信息分布极端不对称造成监督费用极高，这也就使监督无法实现。由此可见，虽然医患之间存在密切的联系，但医方行为不只接受患方控制，所以，患者要想达到自身的利益选择，必须采取激励机制，使医方通过不同方式获得不同优势，使患者规避风险。

（一）医患关系是特殊的有偿买卖服务关系

作为一种特殊的买卖服务关系（消费关系）存在的医患关系，是将患者作为医疗服务的消费者，将医方作为医疗服务的提供者，在诊疗过程中患者通过支付诊疗费等一系列相关费用与医方提供的诊疗行为达成交易。医患关系不是简单的一般的消费关系。首先，以治病为目的的医疗机构不具有以营利为目的的经营者的身份，患者接受的诊疗也不是日常必需的消费，也不具有消费者的身份。其次，医学不能够达到"包治百病"的效果，当医方的治疗结果与患者预期结果差距较大时，患者不能像在一般消费品市场一样在利益受到损害时通过《消费者权益保护法》维护自身合法权益。最后，在诊疗过程中形成的医患关系的目的主要是战胜疾病,医生收费也不以营利为目的,医生面对病人时给出的治疗方案是不能用金钱来衡量的,而是以医学技能对症下药,作为病患的一方来说,他不能像一般消费者一样靠花钱来要求医生只能成功,不能失败。

在社会市场经济不断发展的当今社会,诊疗过程中形成的医患关系具有消费关系的某种性质,例如患者就医必须支付相关费用,涉及支付必要的医疗器械和药品的费用、医院提供的餐饮、住宿、陪护等费用,但在医方与患者经济利益关系中,占主导的医疗技术方面的费用不具有一般消费关系的性质,因此,医患关系是一种特殊的有偿买卖服务关系。

我们对医疗主体进行理性经济人假设。理性经济人在经济活动中以利己为动机,以付出最小的经济代价追求自身最大的经济利益。在医患关系中"医方"和"患方",两者在交往过程中会尽量选择对自身利益有益的行为方式,以最小的付出获得最大的回报。作为理性经济人的医方,医生可以凭借专业知识和职业技能上的优势,以经济利益为重,力图实现自身利益的最大化。而作为自主行为主体的各医疗机构和相关政府部门也同样存在理性经济人特征。医疗机构通过引进先进医疗技术和设备,完善机构内部各项规章制度等措施在同类机构中获得竞争优势。相关政府部门作为国家医疗卫生事业整体发展的决策者要从全局利益出发,结合本国实际国情,实现全体国民在医疗卫生领域的最大利益。对于患者来说,在诊疗过程中,其最大的经济利益是以最少的支出消除病痛,于是,当医生的治疗未达到其所期望的效果,就会引起他们心理上的不平衡,盲目地放大了医生的个人行为,而忽视了治疗中必然存在的一些风险,进而造成医患矛盾的恶化。

综上所述,医方和患方在互动过程中,双方行为都体现了其理性经济人的特征。在市场经济不断发展的当今社会,医患双方都基于自身经济利益的考虑,不断调整在交往过程中各自的行为方式,虽然双方最终目的都是希望患者早日解除病痛,但在实际诊疗的过程中所产生的具体行为既可以表现为一致的,也可以表现为矛盾的。医患双方的在诊疗过程中遇到的问题如不能及时平衡和解决，那么医疗纠纷等问题的发生将不可避免。

（二）医疗卫生服务市场主体具有经济学特性

医疗卫生服务市场主要由医方、患方和政府三方主体共同构成，医疗卫生服务市场虽与其他商品服务市场具有一些相同点，但医疗卫生服务是以治病救人、救死扶伤为宗旨的，因此，既受到医疗卫生行政管理部门的制约，又亟须政府部门的介入。患者作为医疗卫生服务市场中的需求方，其对医疗服务的需求是随着社会经济发展水平、生产现代化程度和人民生活水平不断变化的。患者在医疗服务卫生市场中具有医疗服务交易成本、信息不对称及外部性等特殊性。医疗卫生服务的供给方——医方则要根据自身具备的医疗设备、诊疗技术等医疗卫生服务条件，不断研究新技术、新疗法，适应需求方不断增长的医疗需求，为患者提供先进的、完善的医疗卫生服务。在诊疗过程中，医学作为一种专业知识和技能被医务人员所掌握，医疗机构提供的服务是它的不可替代性，因此，医方在专业知识和医疗资源上的优势决定了其主导地位。政府作为市场结构的一个组成部分，始终承担着"协调人"的角色。在医疗卫生服务市场这样一个特殊的环境中，其主要功能是弥补市场失灵，建立合理的价格机制，对药品、设备的市场价格加以限制，提高医疗市场的效率，维护患者的福利，保证患者享受到基本的医疗服务。医疗卫生服务市场的这一系列不同于其他服务市场的特性相互作用，再加上我国卫生领域相关管理制度的不完善，导致医药费用不断上涨，必然影响当前的医患关系。

医疗卫生服务市场区别于其他商品服务市场的特殊性主要表现在以下几个方面：

第一，医疗服务需求具有不确定性。对于日常生活用品来说，其需求基本上是确定的，消费者在财务上对其支出也可以进行预算安排。但医疗卫生服务上的消费常常是不确定的，一般来说，患方很难对疾病的治疗做出预算安排。虽然有些疾病可以通过预防来降低其发生的概率，控制病情的恶性发展，从而减少对医疗卫生服务的需求，医疗费用也可以事先做出预算安排。

第二，医疗服务效果的不确定性。对于一般商品而言，消费者可以通过自身经验或其他途径了解和检验其效果，但对于医疗服务来说，由于受到医疗服务水平、医生专业素质、医疗费用支出等诸多因素的影响，不可能通过检验来预知医疗服务效果。从经济学角度来看，这种不确定主要表现为给患者带来效用的不确定性和未来收入损失的不确定性。

第三，一般性医疗服务需求缺乏弹性。所谓医疗服务需求缺乏弹性是指患者不会因为价格的增加而减少对治疗的需求，甚至由于自身的信息劣势地位而产生"诱导需求"。虽然医疗服务需求具有不确定性，但其一旦转变现实的需求，就会同一般生活必需品一样，需求是缺乏弹性的，而一般性的医疗服务最能表现此种特性。

第四，医疗服务市场具有垄断竞争性。医疗服务需求的无限性和供给的有限性形成了卖方市场的垄断。一方面，作为医疗服务的需求方的患者，随着市场经济不断发展，在生活节奏不断加快、生态环境恶化等因素共同作用下，人们患病的概率和疾病的种类也在不断增加，造成患者对医疗服务的无限需求；另一方面，作为供给方的医方，由于专业性和复杂性，其供给量是有限的，而医疗服务这种商品不能脱离医方单独存在，医生利用自身掌握的专业知识、技能的优势和市场优势形成了医患之间的不平等关系。

二 医疗消费中货币信息弱势的表现及危害

医疗消费中货币信息弱势具有多种表现形式：

第一，医疗质量低。这里说的医疗质量既包括医疗技术质量又包括医疗服务质量，表现为：①医疗目的与医疗行为脱节，招揽病人时的热情与对转科室、结账出院等医院和医生无直接利益的病人需求怠慢甚至阻挠欺瞒形成鲜明对比。②小病大治。③诊病准确性差。④医院的规模偏好、医务人员标准化工作机制不健全、医院中医务人员等相关服务的质量评价体系不健全，主要体现在评价指标不完善上。

第二，收费偏高。医院中一些较高的收费来自：①用药不合理，导致"小病大药方"，收费无理由地偏高。②各医院自行设置收费项目。如办公所需材料费、移动床位费、特殊病历工本费，甚至有些医院推出强制服务，强制进行某些不需要的检查，甚至设定某些病种的"捆绑式"的服务。③收费项目不透明。④重复收费。⑤医疗服务虚置收费。没用在病人身上的费用记在病人账上，如病人已经出院，还在收取床费、医药费等。⑥强迫使用非医保的高价药。

第三，消费者权益受损害。医生可能利用自身的医学知识诱导患者接受新药、贵药，或者为患者开具大处方，开展一些不必要的检测等过度医疗行为，对这些损害消费者权益的行为，患者往往不知情或不敢言。

第四，背离消费规律。这里说的消费规律既有一般的、普遍意义上的消费规律，又有医疗消费的特殊规律。一般的消费规律中，消费者要求明白消费、自愿消费和平等消费，医疗消费中也同样适用。医疗特殊消费更强调个性化消费，疾病人人不同，就要求医生格外关注病人特殊的、个性的方面，但医患的信息不对称使实践中难以通行。

以上医疗消费中货币信息弱势诸多表现的共同特点是：病人地位低下、利益遭受侵蚀，多花钱、少办事即享受价高质低的医疗服务。医疗消费中货币信息弱势使医疗商品诚信缺失，易导致医患关系恶化，很多案例都说明了这一点，其危害是拉大社会收入差距。其中的机理在于：信息弱势就意味着地位弱势，地位弱势就意味着利益弱势，利益的不均衡就是收入差距，这种信息强弱对比越是明显，社会不同信息阶层之间的收入差距越大。

医患矛盾造成的危害也是多方面的：

第一，医疗资源和卫生费用浪费严重。医院本着"救死扶伤"的原则接待病人，有些患常见病和小病的患者，在低等级医疗机构就可以很好地得到治疗，但医患之间的信息不对称使者很容易对低等级医疗机构的医疗水平产生怀疑态度，于是就出现两种极端：一是乡镇医院、县级医院病人寥寥无几，业务萎缩；二是高等级医院，如市级医院、三级医院患者拥挤不堪，业务量持续高位。这种局面既造成低等级医院的医疗设施设备闲置，医疗资源得不到有效利用，又使高等级医院的医疗设施超负荷运转，医疗资源被过度利用，原本应该用于疑难杂症研究的医疗资源被用于解决大量常见病，高等级的医疗资源被严重浪费,对提高我国整体医疗技术水平产生负面影响。高等级医疗机构的治疗费用、患者进入病房所接受的医疗服务都要比低等级医疗机构的费用高,那么对于本应该到低等级医疗机构就医的患者来说多支付了医疗费用,这是高等级医院的附加成本。虽然现阶段的收费差距不大,病人可能不会在意多支付的费用,但从全国的角度来看,每年几亿就医人次,如果每人都多支付一笔费用,全国的医疗费用的浪费现象将呈现指数级的上升,从而陷入个体理性导致集体非理性的"囚徒困境"。

第二,医患之间合作困难,医疗纠纷增多。现在,看病就医已成为保障民生的一个基本问题,"看病难、看病贵"问题更是成为公民密切关注的问题,逐渐将医疗保障、医患关系推到风口浪尖。医患关系恶化、医疗纠纷频发的案件不断出现,医生与患者之间的信任和合作亮起了"红灯"。医患双方作为医疗服务的提供者和需求者,在对医疗行业的认识上存在一定的差别,医生认为,该职业压力大、风险高且收入低,没有得到相应的价值体现;而患者则认为,医方过分追求自身经济利益,服务态度极端恶劣,双方缺乏沟通和理解,患者在就医过程中产生怀疑、怨恨的情绪,医方在质疑声中工作必然会导致工作质量的下降,这样医患之间的沟通就产生恶性循环。医患双方共同的敌人是疾病,医生是患者在就诊过程中最直接接触到的医方代表,双方应增进理解,减少由于不信任造成的矛盾和纠纷,这不仅利于医生自我价值的实现,更有利于实现患者的身体健康。

第三,损害公民健康权益的维护。健康权是公民享有的一项最基本人权,是公民享有一切权利的基础之一,如果健康权得不到保障,那么公民的其他权利就无法实现或很难实现。医患关系是反映医疗卫生工作的"晴雨表",紧张的医患关系将严重影响医疗卫生服务事业的健康发展,进而阻碍了医疗卫生制度改革的正常进行,使公共卫生服务体系、医疗保障体系、药品流通体制得不到很好的完善,不能为患者提供质高价廉的服务,患者对医生越来越不信任,同时还降低了患者对医院服务的满意度,加剧了市场经济体制下利益至上的价值取向所带来的负面的社会影响,患者的健康权益得不到根本保障,逐渐形成医患矛盾的恶性循环。

第四,阻碍信任机制的建立和社会主义和谐社会的建设。医患之间的信任是医疗服务体系中信任确立的最基本的形式,信任是医患关系得以建立的基础,也是保证医患合作的必要条件。现在,医患之间由于不信任多造成的诸多矛盾、纠纷也层出不穷。在医院,我们有时甚至可以看到患者为了保留证据随时记录的现象时有发生,信任危机逐渐侵蚀着医患之间原本亲密的合作关系,直接导致了医患矛盾的发生。医疗服务事业是人命关天的重大问题,医患矛盾的频发对整个社会的信任机制造成严重的损害,而信任危机多造成的负面影响也会成为社会稳步发展中最不和谐的一个声调,在一定程度上阻碍了社会主义和谐社会的建立。[①]

三 医疗消费中货币信息弱势的原因

(一) 医疗消费高度专业性

要建立医疗服务行业的市场化运转,就必须做到医生与病人地位平等和交易平等。每个行业都具有高度的专业性,医疗行业更是如此。在医疗方面的知识获得程度上,医务工作者具备专业的医疗知识,但是,病人处于知识劣势地位。从理论角度看,医疗知识不平等地位,就关系到社会上的人的全面发展与社会分工之间的关系问题。医生与医院在社会分工下形成自身的专业性,具备了专业优势,使其形成在这一行业工作的绝对优势,但是,病人往往不知道自己病情及其治疗与风险。各医院的治疗费用不同,医护人员服务素质不同,医生的医术水平不可度量,医院的仪器配置水平,医院在医疗消费整个过程的管理水平不同,病人对以上的信息都不了解,各种信息呈不对称性。所有这些不透明的信息易造成医疗资源在配置过程中的畸形和扭曲的现象:

第一,逆向选择。在医患双方互不了解情况下,以平均的医疗费用水平去消费医疗服务是消费者的习惯。这样,提供较好医疗服务和设置同时医疗费用较高的医院,在信息不对称的市场状况下难以继续

---

① 李浩森:《经济学视域下的医患关系分析》,《经济学笔记》2013 年 5 月 12 日。

维持经营，因此，一些差的医院就在市场上被留下来。

第二，医疗扎堆。社会上存在如此众多的医疗服务机构，导致有些病人难以有效区分。普遍认为，大医院的服务水平、管理水平相对来说比较规范，大医院就医人数的增加，造成服务费用因拥挤而相应提高，造成医疗市场的不平衡。这些大的医院通过治疗次数的增加，积累了丰富的实践经验，提高医疗技术水平的同时也增加了收入，它可以维持可持续的良性循环的发展，这种现状就导致小医院和不知名的医院处于严重不利的发展环境中。

第三，道德风险。道德风险主要是指从事经济活动的人在最大限度地增进自身效用的同时做出不利于他人的行动，也可以理解为行动前后不一。对于医患双方信息不对称的情况，医方在从事医疗服务中处于优势地位，所以道德风险主要出现在医方，而患者只能承担道德风险带来的危害；相反，患者也会在费用方面出现道德风险，对于患者在治疗之前保证缴纳足够的医疗费用，但是，在治疗结束后就会出现迟迟不缴费的现象。

（二）医疗消费需求缺乏弹性

社会中的任何一种职业都要求这种职业的从业人员具备其特有的专业性和职业性信息，但其他的职业所服务的对象没有任何一个如医疗行业服务的对象——患者一样，在这种职业的专业服务里生命攸关，所以其需求弹性极低。也就是说，医疗需求对医疗价格高低的反应极其迟钝，消费者的消费心理呈现为：第一，不计成本。生命无价使病人在治疗中不惜一切代价挽救生命。普通的消费品可以讨价还价，但是，在医疗消费中就会被曲解为对生命的懈怠，在病人面前不存在理性的经济人消费，生命健康是病人的最大效用，无成本可言。第二，心理弱势。患者在医疗消费中的知识弱势经过生命攸关这一层次的转化，会使病人对医护人员产生怯懦感、崇拜感，进而对医生言听计从，医疗消费中导致病人产生各种严重心理弱势。第三，消费动机强烈。表现为消费的主动性和消费的非退出性。第四，感觉适应。感觉适应是刺激物持续作用于感受器而使其感受性发生变化的现象。感觉适应虽然有利于人们在变化的条件和环境中生存，但是，这种适应性也有不利的一面。病人对医疗的乱收费和高收费的忍耐就属于这种情况。在患者接受治疗的过程中，由于生命攸关性，病人为使自己重新获得健康的生命，对于医院的各项服务都具有较快的适应性，对高收费等也就不再质疑，虽然患者不会站在经济人的角度分析问题，但是，医疗工作者会考虑自己所处的经济人位置和具有的心理强势，抓住消费者的弱势心理，违心地提供各种不需要的服务。

（三）医患信息不对称

医方所掌握的获利性关键信息主要有政策体制信息、专业信息、管理信息、职业信息和个性信息等，各种信息相互交错，患方防不胜防，这里主要涉及企业管理信息。医患管理信息不对称是指医疗消费中的医生和医院内部人问题。医生掌握各种利益相关的规章制度，对病人形成盲区，违心追求个人利益的医护人员就会利用这个盲区来获取收入，比如，代病人报销医药费。现在，很多医院也是以公司的形式存在，比如公有医院是实际经营者行使控制权，股份制的私立医院也存在内部人控制。在医疗消费中，内部人概念有所不同，它不是指所有者和经营者之间的关系，主要是指作为服务提供者的医生、医院与作为服务接受者的病人之间的关系。内部人通过内幕获利，具有一系列特点：一是获得非正常收入甚至违法收入；二是收入高甚至高于正常服务收入；三是隐蔽性强。

（四）交易性市场文化的扭曲与泛化

在医患关系中，医方以专业知识、信息优势为前提条件，以病人心理为依托，以货币追求为动机，患方的货币信息弱势必然成为现实。市场化改革的医疗领域不仅具有了市场经济等价交换的特点，有时对货币的追逐也越过了优质医疗服务的价值载体而直奔价值，机会主义盛行，这属于市场经济的负溢出效应。以上医疗消费的高度专业性、患方需求弹性的缺乏和医患信息差异是导致医疗消费问题的前提条件，而市场交易文化的扭曲泛滥使医疗消费问题成为现实。

第二节　病人治疗跟踪制

一　已有应对措施及其局限性

(一) 西方国家医患关系及其解决紧张医患关系的有效经验

在西方发达资本主义国家，引发医疗纠纷的一个重要原因就是医疗事故。美国是当今世界医学水平最为发达的国家，可那里的医疗事故也屡见不鲜。根据美国科学研究院医药研究所 2000 年发表的报告，该国每年因为医疗事故死亡的病人就有 4.4 万—9.8 万人之多。日本人一向以长寿著称，且该国在世界上也属于医学水平较高的国家，但即使如此，医疗事故也是层出不穷。日本厚生劳动省 2002 年 4 月曾对全国 82 所大型医院展开了一次全面调查，结果显示，在近两年时间里，这 82 家医院共发生了 1.5 万多起医疗事故，也就是说，在这些代表着日本最高医疗水准的大型医院里，平均每家医院每年都会有近百起医疗事故发生，其中致使患者丧生或生命垂危的重大医疗事故多达 387 起。即使医生医术高明，能够避免出现医疗事故，也难以让所有患者满意。最近，美国就有一位医生，因为出于善意，没有将病情及时告知患者本人，而遭到起诉。患者称医生侵犯了他的知情权。

尽管世界各地医患关系紧张程度愈演愈烈，但在发达国家，医生和患者之间很少会出现极端暴力事件，双方都会理智地在法律框架内解决纠纷。西方发达国家之所以会有相对和谐的医患关系，可以说是诸多因素共同作用的结果，除了宏观上较为健全医疗保障制度的制度约束，也不乏微观上对医患双方妥帖完善的自我保护机制，使医患纠纷能在相对缓和的环境中解决。

英国作为世界上第一个实行全民医疗的国家，基础医疗十分发达，其目的是"让每个社会成员以免费或低价享受医疗卫生服务"。凡居住在英国的人，即使是外籍留学生和合法劳工，都可以享受和英国公民一样的医疗福利及待遇。在英国，患者就医首先接触的是提供基本医疗的单位，如社区门诊或无预约医疗站，由社区的家庭医生首先了解病情，对症下药。由于社区门诊医生占全国医生总数的一半以上，因此，英国将近99%的人都能享有家庭医生的服务。只有在家庭医生觉得必要的情况下，患者才能到二级医疗机构就诊（急诊除外）。一般对于可控情况，社区门诊会将其控制在社区内解决，以减少专科医院的负担。

同英国相似，加拿大也将"医院转移到社区"，以家庭护理、社区护理为主。由于新医疗技术和医疗成本的提高直接导致医疗费用的攀升，国家财政对公共医疗保障的投入也相应大幅增加。因此，这种新型的医疗模式可以有效地应对资金紧张和医药资源缺乏的局面。除此之外，邻近医院横向联合也是加拿大政府降低医院管理成本的另一有效措施。

法国同样具有完善的医疗体制和成熟的就诊、转诊制度。病人在社区医生或私人医生处就诊后，即使不能在那里获得治疗，也能得到就诊指导，知道应该找哪家医院、哪位专科医生治疗。除急诊外，法国医院的医生看病一般都是预约制，在规定的时间，由医疗秘书预约好相应数量的病人，在一个相对独立的诊室，逐一就诊，医生有充分的时间、精力，认真对待每一个病人。

日本的医疗服务机构以私营为主，但其经营具有非营利性，且内部管理结构较为规范并享有非累进税优惠。

借鉴日本的改革经验，各国国有医院改革可以先从产权改革入手，将单一的国有制改革为多元化的混合所有制，建立健全规范的内部管理制度。同时，也可以在机制上选择民间资本、国有民营等方式进行改革。美国人在碰到医疗纠纷事件后，第一选择往往都是去打官司，很少跑到医院里面闹事。由于没有卫生行政部门，国家的医疗标准和规范都由美国医学会制定。为了建立和谐的医患关系，美国医学会特制定相关规定，要求医院内部均设立相关管理部门专门负责解决医疗事故及纠纷。但是，即便被认定对医疗事故负重大责任，也并不意味着医生和医院承担全部赔偿，国家建立起的医疗风险分担机制会为医生创造一个相对宽松的环境。

由此可见，西方发达国家在制度上以及对待医患双方的方式上都显得较为合理，这就使紧张的医患关系能够相对缓和，值得各国在解决医患纠纷的过程中加以借鉴。

西方国家的医患关系模式可以借鉴，但不可以仿效，因为一个模式是长期历史的沉淀，包含着其特殊的文化、经济和政治等背景，所以，他人的模式再好也不能简单模仿，我们必须探索自己的前进道路。

(二) 收入分配机制对医生行为的激励与约束

激励和约束是委托—代理双方实现利益最大化的博弈过程，缓和当前我国普遍存在的紧张的医患关系，应加快建立健全医生职业行为激励和约束机制的步伐。

第一，要完善医生收入分配机制，旨在减少医生"收红包""吃回扣"现象。医生作为一个高技术、高投入、高风险的行业，理应得到与其投入相符的高收入，但事实上医生的收入处于相对较低的水平，不能弥补医生长期的人力资本投入。医院药品"收支两条线"管理办法实施后，规定医院诊疗科室药物收入不能超过总收入的45%，因此会出现科室效益高但奖金收入低的现象。医疗服务的价值被人为地降低，严重违背了价值规律的原则。传统的专业技术等级工资制度导致医生的收入降低，缺乏激励作用，医生收入分配问题自然就成为医疗卫生体制的重难点之一。大多数医院工作人员的工资主要由固定工资和奖金两部分构成，其中固定工资约占总工资收入的60%，它的高低主要由医院工作人员的职称和级别决定，奖金则主要由工作人员为医院创造的效益决定，因此，医生的收入在一定程度上与其身份有着密切的联系。

要缓和紧张的医患关系，就必须改变收入分配的现状，完善医生收入分配机制，增加医院工作人员特别是医生的收入，调整收入结构，增加绩效工资的比重，实行以岗位工资制为主要分配形式的分配制度改革，将医生工资与其工作业绩、考核挂钩，取消科室承包和开单提成。这不但能够激励医生提高工作质量，增加薪金收入，还在一定程度上减少了"收红包""吃回扣"现象，进而增强了医患之间互动的和谐程度。

第二，应适时调整医生薪酬结构。薪酬结构的有效调整可以达到激励员工的效果。当前以物质奖励为主、精神激励缺乏的工资结构模式越来越不能适应医生这一高风险、高压力的职业。医生的收入除应具备国家统一的经济形式的报酬外，还应享有各种福利等非经济形式的报酬。这种非经济形式的报酬更加体现人本思想，将其与经济形式报酬相结合使用能达到更好的激励效果。因此，适时调整医生薪酬结构，提升医生福利待遇，能够提高医生的满意度和服务质量，使其得到社会价值认同，从而缓解医患矛盾。

（三）加强医院内部改革，建立科学的管理制度

医疗机构是医患交往过程中的重要参与主体，它既需要提供相应的医疗服务来满足患者的诊疗需求，还要运用各项政策对医生的诊疗行为进行诱导。从宏观角度来看，要医疗机构尽快适应市场经济这种社会大环境，改变医疗机构未来的发展方向和管理模式是很有必要的，这同时也是建立和谐医患关系的有效途径之一。

第一，实现医院服务标准化。医院实现服务标准化可以获得较好的工作秩序和社会效益，保障公民的健康。目前，大多数医院实行的"以服务收费"的缴费方式存在很大弊端，多服务多收费会使医方运用自身信息优势诱导患者接受一些不必要的服务项目，从而损害患者的利益，可以采取按病症收费的方式，有效地避免这些弊端的发生。医院可通过相关机构制定并发布每种病症的收费范围，医生需按照医疗费用的范围标准，对症下药，将一切可执行方案和治疗过程中可能产生的副作用告知患者，由患者自己选择治疗方案，根据自己的病症支付医疗费。

第二，完善医疗机构法人治理结构。医院法人治理结构的实质是在所有权和经营权相分离的契约制度基础上，明确了各个参与者的责任，能更好地遵循决策医院事务的规则和程序。同时，这种结构的存在还有利于设置医院具体目标，激励医院有效利用资本。随着我国经济体制的转轨，医疗机构管理机制发生了根本性的变革，但公立医院独立法人的地位依然得不到很好的落实，其主办人还是国家所属的卫生部门，充当着监管和运行机构双重角色，这样，任何形式的监管就

很难到位。

建立规范的法人治理结构，包括股东会、董事会、监事会和医院管理层，使他们在医院日常管理中互相独立、互相协调，以保证医院健康有序发展。董事会作为医院法人治理结构的主体，可代表政府和社会公共利益，行使医院重大决策。建立董事会领导下的院长负责制能够实现院长对董事会负责，达到互相监督和制衡的效果，对医院内部管理制度有效运行具有重要作用。只有明确了医疗机构所有者、管理者和监管者各自的职责，互相负责，互相监督，形成激励约束并存的管理机制，才能体现政府、医方、患方等参与主体的权利义务，发挥针对医疗质量、医疗消费水平的监督作用，从满足患者需求的角度出发，制定出有利于医院自身乃至整个医疗卫生服务体系发展的政策措施，以构建和谐稳定的医患关系。

第三，建立医疗质量评价机制。医疗质量评价包括对医疗技术、医疗管理方法以及经济效益在内的全方位的综合评价。医疗质量评价对医院来讲是其进行服务质量控制和考评的一个重要依据。

建立医疗质量管理评价机制，要以医疗质量和安全为核心，重点对保障医疗质量和安全的基础设施、工作制度、应急能力、操作规程、医务人员资历、绩效等方面进行评估和审查，进而了解其管理能力、工作绩效和处理突发事件的应急能力水平。各医疗机构可以缓和医患关系为出发点，加强收入分配制度改革，建立医院绩效评价机制和绩效工资分配体系。在具体实施过程中，可采用医治科室绩效评价系统，层层推进，再在行政管理部门建立相应绩效机制。在绩效管理过程中，平衡计分卡是一种新思路。医院可通过等级评价和目标考核相结合的临床科室绩效评价系统，借鉴平衡计分卡中的客户角度建立医院的质量管理综合评价思路，建立患者对医生的医疗服务质量评价机制。通过客观的指标反映医生诊疗行为，来弥补患者信息的不足，增强患者对院方的信任，对提高医疗服务质量也有重要意义。

（四）强化政府责任，充分发挥政府的宏观调控作用

在我国，完全的市场机制已不能适用于医疗卫生领域的高度市场失灵问题，政府作为医疗卫生服务活动的主体之一，承担着医疗卫生

领域的部分责任，政府干预也成为必要。转变政府职能，从政府公共管理角度对公共卫生事业、医疗机构实行有效监管，进一步完善医疗保障制度，规范医疗服务与医疗市场，制定符合我国现有国情的制度，才有可能从根本上保证卫生事业按照科学发展观的要求持续健康发展。

第一，加大政府对医疗卫生服务事业的财政投入力度。在目前医疗基金的构成中，政府投入所占比例明显下降。政府投入力度的不足，不但使医疗机构千方百计地从患者身上谋取利益，趋利性逐渐增强，还间接地导致了个人缺乏风险分担机制，患者需要个人支付较大比例的医疗费用，严重损害了医疗费用负担的公平性。

为了改变这一现状，必须改变长期以来"以药养医"的补偿机制，建立完善的政府卫生投入长效机制，既要提高政府卫生投入占卫生总费用的比重，还要将政府卫生投入作为经常性财政支出，逐步提高其增长幅度。按照分级分担的原则，合理划分中央和地方各级政府的卫生投入责任，加大政府对公共卫生、城乡基层医疗卫生机构的扶持力度，健全对基本医疗保障制度和公立医院的政府补助政策。建立相关经费保障机制，消除过去医疗机构市场化运作带来的经济压力，促使医疗机构提高自身服务质量、改善患者就医环境。

第二，充分发挥政府的宏观调控作用，优化资源配置。当前，我国医疗卫生资源结构性失衡直接造成了患者"看病难"问题的出现，医疗卫生资源大多集中在发达地区的大医院，而基层医疗机构在人力资本和医疗设备上水平低下，得不到患者的信任与青睐。医疗资源较少地区的患者因得不到有效治疗而奔赴发达地区的大医院治疗，造成这些医院资源供不应求，同时社区医院和农村也没有能力分流患者，过度医疗的现象愈演愈烈。

政府必须行使好行政管理职能，加大对医疗卫生服务市场的监管力度，进一步完善医疗卫生服务体系，实现医疗资源合理优化配置，促进医疗服务的均等化。在医疗卫生服务体系完善方面，对医疗机构建设进行整体布局，明确不同级别的不同职能分工。在农村，建立以县级医院为龙头、乡镇卫生院为骨干、村卫生室为基础的三级医疗卫生服务体系；在城市，实行城市医院和社区卫生服务机构分工协作的方式，充分发挥社区卫生服务的基础性作用。要通过人才交流等方式，提升医务工作者的行业素质和职业技能，提高其薪酬待遇，使收入体现其价值和社会地位，为医疗事业吸引更多优秀的人才。同时，还要健全卫生监督执法体系，提高对医疗卫生服务行为和质量的监管能力，规范管理制度和工作流程，对于医疗服务质量的不规范的医疗机构要严把质量关。政府也可以制定政策框架，监督管理医疗融资活动，实现信息共享。这样，不仅可以使医疗资源合理分配，采取降低收费标准、提高报销比例等措施与之相配合，引导病情较轻的患者去基层医疗机构就医，更有利于整合卫生资源，还进一步明确了各方责任，规范了监管机制。

第三，为医疗融资创造能动环境。目前，为医疗机构建立合理的激励机制是医疗改革的核心，这就需要政府强有力的介入。在医疗融资的过程中，政府有责任为其提供良好的环境，包括社会激励、法律认可和控制贪污等。

政府可以帮助缺乏联系的主体共同建立医疗融资，并取得合法的法律地位，以合作组织、非合作组织等其他方式注册，正式接受该类组织监管。除此之外，当前，违法支付盛行，对医疗融资发展造成严重的损害，医疗融资计划的成功运作，需要卫生服务者遵守正规的支付制度，这使政府在消除非正规支付制度方面扮演着重要的角色。

（五）深化医药卫生体制改革，完善医疗保障制度

当前，由于广大人民群众对医药卫生方面的需求日益提高，社会主义市场经济制度本身还存在一些问题，促使医方对利益的追求与人民群众的这种需求日益凸显，医患关系越来越紧张，正在严重冲击着医疗服务行业，并且已成为导致社会不和谐的一大因素。深化医药卫生体制改革，完善医疗保障制度，加快医药卫生事业发展，适应人民群众日益增长的医药卫生需求，不断满足人民群众健康素质，是全面建设小康社会和构建和谐社会的一项重大任务。

第一，深化药品流通体制改革，改善药价虚高、医疗费用上涨的现状。构建专业化、标准化、现代化和封闭运行的药品现代物流体系

来适应药品特殊性，形成高效的药品配送网络，尽量减少药品流通环节，提高药品流通市场集中度，提高监管效率，节约监管成本。在药品价格管理机制方面，应尽可能适应市场经济大环境，充分发挥价格杠杆的作用，体现药品价值与供求关系。降低药品生产与开发投资成本，建立一个合理的定价机制。充分考虑当前医药市场的大环境、大背景，使措施逐步到位，以产品更新换代留下合理的利润空间。同时，对药品产业进行创新升级，提高产业核心竞争力，尽快改变医药产业过多的现状。对药品产业结构进行调整，有效兼并联合，努力实现规范化、集约化经营，促进优胜劣汰。政府还可以通过政策调整来推动医疗机构运行的市场化和合理化，进一步改善公立医疗机构的经费补偿方式，保证医药分离；在规范医疗收费项目方面，成立药事委员会对医生的处方行为进行监督和约束，制定统一用药规范，合理设置国家对公立医院预算补贴比例，维持公立医院的公益性。建立健全相关法律法规，对药品生产销售过程中所存在的不正当行为进行严厉惩处，实现药品流通的规范化和有序性。

第二，充分发挥社区卫生服务机构基础性作用。发挥好社区医疗机构的基础性作用和技术效率，构建一整套便民服务体系，优化便民服务流程，使居民能在第一时间解决难题。提高各部门的协作与沟通能力，采用多种媒介畅通入户服务渠道，例如通过报纸、电视、网站等多种形式公布就近社区医疗服务机构的电话，打造15分钟就医圈；编写便民手册，制作社区医疗卫生服务流程视频短片，以通俗易懂的方式将常见病应急处理方式展现给社区居民。尽量减少城市大中型医院的医疗资源浪费，减少群众的直接和间接就医成本，使广大居民得到最优质的医疗服务。

第三，扩大医疗保障的覆盖面，完善医疗费用支付机制。目前，医疗保障制度的覆盖面是医疗保障制度影响医患关系的一大重要因素，医疗保障覆盖面是保障人们基本生存权利的需要，也是增强医疗保障共济性和抵御风险能力的需要。加快建立完善以基本医疗保障为主体、其他多种形式医疗保障形式为补充、覆盖城乡居民的多层次医疗保障体系，实现人人享有医疗保障的权利。其重点是尽快完善城镇职工基本医疗保障、城乡居民基本医疗保险、新型农村合作医疗和城乡医疗救助制度，逐步走向普遍覆盖，通过各种措施，拓展医疗保障覆盖面的空间，以达到覆盖全民的目标。

医疗费用支付方式是医疗保险制度运行中一个重要环节，它是医疗保险机构作为付款人向医疗服务提供者支付被保险人的医疗费用的一种标准和方法。要想控制医疗费用的不合理增长，必须采用多种支付方式结合的办法，逐步完善医疗费用支付机制，支付方式由后付制向预付制发展，根据不同保障对象和保障层次选择支付方式，以实现支付方式的混合化，并改变医疗服务的定价方式，有自由定价向政府控制价格或统一价格发展，扭转费用上涨的现状，通过统一的价格来引导和制约医方的行为，合理配置和利用医疗资源。

二　病人治疗跟踪制度安排

主治医师跟踪病人治疗的制度安排是一种基于信息剩余理论思路的制度设计，旨在客观地确定信息优势者的医疗责任。

（一）降低医患之间天然存在的信息不对称性

在一般情况下，信息不对称不会影响产品的生产和服务的有效进行，但会在一定程度上带来道德风险和逆向选择。医疗服务市场在本质上不同于其他商品服务市场，医疗服务和药品受到政府管制，但医患之间天然存在的信息不对称状况是客观存在的，医患之间信息不对称的长期存在给医患之间正常交往带来种种弊端。因此，降低医患之间的信息不对称性，改善紧张的医患关系要做到以下几点：

第一，削弱经济利益对医方的驱动。在市场经济条件下，政府应以计划经济体制为背景，逐步深化医疗卫生体制改革，将市场机制引进医疗卫生服务领域，实现市场与政府干预共同作用的模式，从根本的经济体制上抑制医方的经济利益动机。

第二，建立医疗信息公开制度，弱化医方的信息优势。在医疗服务市场中，医生通常会利用自身掌握的信息优势损害患者的利益。信息不对称理论认为，可以通过建立信息公开制度来防范此类事件所带来的不利影响。所谓信息公开机制，是指医院将患者关注的信息通过适当的媒介公开，以方便患者了解诊疗过程中所形成的各项费用和相关信息。这种信息披露手段在一定程度上抑制了信息不对称给医疗服务行业带来的不良影响，减少了信息垄断，促进医疗服务供给方之间的公平竞争，以成本最小化获得利益最大化的方式来提高自身的竞争力，提高服务质量，使医疗服务市场日益公开化、透明化，确保患方与医方享有基本对称的信息量，保护患者的合法权益。除建立信息公开制度外，还可以采取其他方式弱化医方的信息优势，例如强制交易、通过机制信息激励优势方向劣势方透露自己所掌握的信息以及强制信息优势方披露信息等。但过度的监督与市场经济原则相背离，因此，应尽量采取强制信息披露与经济激励相结合的方式，制定相关的信息披露制度，这样不仅可以降低患者搜寻信息的成本，以较低成本获得较高质量的医疗服务，还一定程度上降低了监管成本，最终也达到了弱化医方信息优势的效果，促使医方从长远利益出发，维护自身信誉，努力改善医患关系。

第三，建立逆向选择防范机制。信息不对称是导致逆向选择出现的主要因素，在医疗市场上，逆向选择的结果是"低质量"的医疗机构驱逐"高质量"的医疗机构。"高质量"的医疗机构必须通过向患者传递一些信号来改变其竞争中的劣势地位，医疗机构等级和人才队伍水平就是主要的传递信号，使患者做出理性的选择。在药品市场中，信息不对称的存在导致逆向选择的结果是药价虚高，药品生产者有必要向患者传递信号来引导患者了解到其药品的优质性，做出正确的选择。这样，不但有助于提升药品厂自身的竞争力，还能有效地打击假药和劣质药在药品市场上的流通。因此，适时控制逆向信号的传递很有必要。除此之外，还可以采用树立医疗市场品牌、严格管理医药广告等方式提高医院和药品经营商的市场竞争力，减少逆向选择的不利影响。

第四，发挥医疗保险机构的市场功能，改变患者在医疗服务市场中的劣势地位。市场上供求双方主体数量越少在交易中越处于优势地位，在医患双方交往过程中，患者的数量相对医院、医生的数量较多，因此，处于劣势地位。医疗保险机构介入医疗服务市场在一定意义上可以代表患者与医方进行谈判，逐渐改变这种不平等的地位关系。

除此之外，医疗保险机构还有信息收集功能和市场威慑功能。医疗服务市场的信息具有明显外部性，公众缺乏信息收集的意识，当公众参保后，保险机构为了降低经营成本，防止医疗费用使用不合理，会主动帮助患者收集有用的医疗信息。由于医疗保险机构大都拥有自己的医学专家，在收集信息的过程中具有明显的技术优势，降低信息收集的成本，同时能够间接地减少医患矛盾的发生。在诊疗过程中，患者不能对医方的行为采取奖惩措施，由医疗保险机构作为第三方介入代表患方和医方进行博弈，就可以改变这种情形，医疗保险机构可以采取一系列奖惩措施来激励医方约束自身行为，减少医患矛盾的发生。换句话说，医疗保险机构在与医方进行交往的过程中有了更多威慑的功能，它更能代表患者的利益，改变患者在医疗服务市场中的劣势地位。

(二) 主治医师跟踪病人健康的制度安排

信息剩余理论的主旨就是由信息优势者承担其失信后果，在医患关系中，医师属于信息优势者，那么自然就要由他来承担失信的后果，理论还要靠制度来实现，综上分析，由主治医师来跟踪病人健康是一种合乎逻辑的制度安排，如果医生没有积极认真地进行医疗活动，假定其他因素既定，那么病人状况恶化的责任就可以归结为主治医生，他的岗位、收入和声誉等就要受到影响。

第十三章 信息剩余理论的应用性研究
——农村土地流转市场问题

本章讨论农村土地流转市场诚信问题及其信息视角的治理机制设计。

第一节 农村土地流转市场诚信问题

一 农村土地流转市场诚信问题的表现

第一,微观流转主体间的合同缺位和非规范性。人们在进行土地经营权的流转时,不重视学习《中华人民共和国农村土地承包法》《农村土地承包经营权流转管理办法》等,对新一轮土地改革,以合理配置农村资源、增加农民收入为目标,坚持农村家庭承包经营制度和稳定农村土地承包关系,采取转包、转让、互换、租赁、入股和委托转包等多种形式,以平等自愿依法有偿为原则来推进农村土地承包经营权有序流转、维护流转双方当事人合法权益、促进农村经济发展等大政方针宣传了解欠缺,出现无合同流转、土地四至不清流转和改变土地用途等一系列不规范行为,这种情况为日后因违法和失信等埋下了隐患。

第二,非粮化。这是微观主体对宏观政策的失信,这里的微观主体,既包括农民,也包括地方政府和各类企业。非农化和非粮化一直是中央和农业部所强调要避免的[1],要求农村土地承包经营权流转不

---

[1] 冯华:《防范土地"非粮化""非农化"》,《人民日报》2014年2月22日。

能强迫命令、瞎指挥，要规范有序进行，但是，有的地方出现片面追求流转规模和流转比例现象，靠行政命令下指标、定任务、赶速度，背离了农民意愿，损害了农民利益；有的盲目引进工商资本长时间、大面积租赁和经营农户承包地，加剧了土地"非粮化""非农化"。据国土资源部统计，过去十年间，我国耕地面积从19.51亿亩，减少至18.26亿亩，年均减少829.2万亩，目前人均耕地面积仅为1.38亩，约为世界水平的40%，宜耕耕地后备资源匮乏，可开垦成耕地的不足7000万亩。

第三，农民对土地流转后的生存和发展保障的后顾之忧。土地流转后，很多农民进城打工，但他们缺乏城市生存和发展的文化专业素质，大多只能徘徊挣扎在城市边缘的低层次，同时社会体制不合理造成缺乏生存保障，一旦难以为继，想要返回土地已不可能，这可以看作是宏观政策对土地微观流转主体的失信，是一种政策的不匹配与错位。一方面要进行土地流转，提高土地利用效率；另一方面对从中游离出来的劳动力没有事先做好妥善的安排，农民工与市民在医疗和子女上学等方面的各种差异明显，农民工的五险一金往往做不到全部落实、子女读书被索要赞助费，农民工的工作费力多、报酬低。

第四，强制流转。在土地流转过程中存在一些个人、企业和地方政府凭借家族、经济实力和权势强行交易的现象，是一种更加严重的带有违法性质的市场失信行为。

用地主体强占农民耕地主要有两种情况：一是土地的原承包者不同意土地转让而被强占。用地单位在征用农民土地时无法与农民达成共识，往往采取暴力手段，强行占用农民土地。二是严重损害了农民的利益。

从地方政府看，由于土地是稀缺性资源，土地管理部门拥有土地审批征用权和转让权，其中的政府官员就成为各种用地单位和个人争相追逐和拉拢的对象，这时相关权力约束制度失效低效，权钱交易、贪污腐败频发。事实上，我国当前的法律法规中的约束机制也很难奏效。首先，政府官员出于地方利益和个人利益而放松对自身的内在约束；其次，体制方面的缺陷使土地管理部门无力监督政府，产生体制失效;再次,土地纠纷处理制度、土地司法救济制度体制的缺陷,使失地农民无力监督和制约政府行为;最后,土地违法行为问责制度的不完善,使违法行为责任追究难以实现。而且在行政实践活动中,以行政领导批示为指令的现象普遍存在,如果没有地方领导的批准和首肯,而是严格按照土地管理制度规定办事,那么土地违法违规问题以及农民与政府之间的矛盾也就会少得多。

二 农村土地流转市场诚信问题对农村土地流转市场总体布局的危害

第一,制约了农村土地流转总体目标的实现。土地流转是要解决土地资源浪费、非规模化和非产业化等问题,如果上述农村土地流转市场诚信问题得不到及时矫正,将使这些总体意图落空。农村土地承包经营权流转可以分为制度目标和非制度目标。所谓制度目标,是指制度规范即相关法律条文及政策规定所要达到的目的,它是制度设计的依据、制度执行的归宿和制度效益评价的标准,农村土地流转目标中所界定的"制度"指的是相关法律法规和政策共同构成的制度,"农村土地流转总体目标"指的是农村土地流转政策及相关法律法规所要引领和维护而达到的目的,按照《中华人民共和国农村土地承包法》以及其他相关农村土地流转的政策规定,我国农村土地承包经营权流转制度的核心目标有三个:①通过土地市场化的流转替代原有的周期性行政手段的土地调整来稳定农民的土地承包经营权利;②解决土地资源闲置浪费问题,提高土地使用效率;③通过土地流转实现农村土地的规模化产业化经营。

上述农村土地流转市场中的诚信问题会导致非制度目标因素渗透到农村土地流转的方方面面,影响着农村土地承包经营权流转的制度目标的实现。一些农村土地流转的非制度目标是对制度目标的扭曲和消解,如为了招商引资而强迫农民流转土地,为了便利土地征用和非农建设利用而采取所谓土地股份制的办法诱导农民流转土地,为了区域集团或个人利益而动员农民流转土地,等等,这些非制度目标性质的诸多做法违反了自愿、有偿、依法原则,碰触了土地集体所有权、耕地和承包户利益不受侵害的政策红线，最终使政策目标大打折扣。①

第二，破坏社会和谐。新一轮土地改革划定有三个原则：一是土地的公有性质不变；二是耕地用途不变；三是农民的利益不受侵害。农民最关心的是第三条，但是，在土地流转实践中，侵害农民利益的做法五花八门，如城郊农村紧邻城市大市场，一些村干部就强迫农民以极其低廉的价格把自己承包的土地集中转租，然后在集中的大片土地上盖起仓库，提供给城市大市场，其中的收益与交给农民的租金相比有天壤之别，个体农民心存怨恨但却毫无应对之力。这种情况在危害党的干部形象、损害农民利益和改变耕地用途等层次扭曲了国家的土地流转政策，影响了农村社会和谐。

第三，阻碍社会体制改革。土地流转会促使一批农民市民化，农村城镇化，在这个过程中，城乡差距会逐步缩小，如果土地流转偏离了正确的方向，必然会减缓社会整个体制改革的进程。

第二节 农村土地流转市场诚信问题的成因及其化解

一 农村土地流转市场诚信问题的成因

第一，农村整体文化水平低所造成的规范意识缺乏。也就是说，农村特有的社会环境使农村缺乏规范意识，文化是用来解决问题的，规范文化有规范文化的功能，不规范文化也自有它的环境，但无论各种文化有着怎样的特殊的历史合理性，当其社会环境发生变化时，已有的文化就成了社会进步的绊脚石，今天的农村正在进行的是现代化运动，其规范意识的缺乏与此相悖，还停留在小农社会阶段，这必然造成契约缺位、纠纷层出的诚信问题。一个文化应该与其社会环境相适应，才能够发挥出文化的适应人的生存等的功能，著名的英国文化

---

① 卫军帅：《农村土地流转目标和效益的政治经济学分析》，浙江师范大学出版社2006年版，第26页。

学家马林诺夫斯基主张将文化同人类的生活需要联系起来进行功能分析。他认为，文化是在特定环境内人类机体和群体为其基本需要的满足及生活水准的逐步提高而充分适应环境所逐渐发展出的体系，经济、法律、教育、科学、巫术和宗教等人类的文化方面都是按其功能与整体发生联系的。马林诺夫斯基认为，人生最基本的七种需要如新陈代谢、新生、舒适、安全、运动、发育和健康产生了食物补给、亲属关系、居所、保护、活动、训练和卫生七种文化回应，并产生四种衍生的需求，即经济组织、社会控制、教育制度和政治组织。马林诺夫斯基对文化的看法是：所有文化因素，最终都被视为满足个人的生理上的基本需要、制度上的需要（如法律制度、教育制度）和整合上的需要（如宗教艺术等），也是为了满足个人的生理上的基本需要。同时马林诺夫斯基主张文化是一个整体，任何文化现象都应置于文化整体中去考察，离开整体，功能将无从谈起。马林诺夫斯基的"文化迫力"的概念，用于强调文化的手段性和强制性功能，文化是人类建立起的一种环境，包含一整套社会认可的行为规则，每个社会成员都会自觉不自觉地受文化准则的制约，彼此行为受其协调，这种"文化迫力"实质上是文化基本功能的一种，即使是巫术宗教也不是超越于文化结构之上的某种抽象观念，而是根植于现实的人类的基本需要之中，任何形式的宗教信仰均是适应个体和社会的某些基本需要而形成的，它们的主要功能即在于把人类情感中、精神上和人格里的积极因素予以传统化、标准化和神圣化，以使个人心理获得平衡，同时使社会生活得到稳定和巩固。

马林诺夫斯基的文化功能论让我们看到了农村非规范意识文化的历史合理性和社会适应性，同时也启发我们理解在意识和社会发展现实出现错位的条件下，它的历史局限性，以及它对农村现代化背景下的农村土地流转市场所带来的诚信问题。

第二，农村熟人社会对土地流转的高保障程度。农村成员流动性低，祖祖辈辈在同一个村落相处相熟、情深意长，低头不见抬头见，谁也不忍心相互欺诈；从博弈论的角度看，属于无限期重复博弈，一旦违反乡规民俗被报复的可能性大，也形成一种强制约。

第三，缺乏流转指导主体。农村文化的自指导功能弱小，城市管理部门应负起更大的指导责任，尤其是要注意对村镇基层干部的培训，使整个的新一轮土地改革能够站高远望，实现国家宏观意图。

第四，强势集团的强大"寻租"能力。土地流转带来新的财富机会，这块大肥肉会招致各种"寻租"力量，第一种强势集团是村镇权力及其利益圈子，村镇职能部门借助其领导地位，能够及时获得各种土地流转信息，这是其"寻租"的可能性，同时他们手中拥有广大村民所赋予的权力，这种权力使其"寻租"成为现实；第二种强势集团是城市财团，金钱是他们"寻租"的工具，这种工具可以使其财富梦想变为现实；第三种强势集团是城市权力，这种权力本应站在提高土地利用效率和"三农"现代化的政策高度进入土地流转工作状态，但机会主义的经济人本能往往使他们偏离正常轨道。

二 农村土地流转市场诚信问题信息视角的治理机制设计

农村土地流转市场诚信问题信息视角的治理机制设计的各个环节尤其是要贯穿流转各方信息平衡的那根红线，包括信息的合法、公开以及由信息强势者承担信息剩余等。

（一）签订土地流转的规范合同

合同的有无和规范与否体现了文化的差异，文化虽然没有高低贵贱之分，却有着解决现实问题之需要的功能。农村规范意识缺乏的文化现状来自熟人社会彼此信任的环境，农村长期市场经济不发达，契约关系和集中的社会财富都少于都市，规范意识缺乏并不会影响农村的生活质量；相反，脱离现实基础的规范意识还可能会被排除农村文化区，但是，面对"三农"现代化的运动和趋势，农村文化也会发展出新的内容，以完成其适应形势变化的功能。

土地流转合同的规范性包括：

第一，合同有效。合同有效是指国家通过对合同的法律评价认可当事人的意思，与合同的订立相区别，后者指两个或两个以上当事人就设立、变更或者终止相互之间的民事权利义务关系而进行协商并促成合意的法律行为，它是一种动态行为的反映，是合同当事人通过缔约行为达成协议的全部过程。合同的订立要在法律的规范内进行，但合同订立时的法律规范是最大限度地尊重当事人意思的规范，因而合同的订立是当事人意思自治的反映，是当事人的意思结果，订立的合同只有符合法律的要求才会生效，若与法律的要求相抵触就会被法律否定，或者归于无效，或者撤销，或者效力未定。

合同的成立订立还要有其技术性要件。其要件有：①要有全面合法的缔约人。缔约人在合同法律意义上必须具有民事行为能力。"当事人（法人）超越经营范围订立合同，人民法院不因此认定合同无效。但违反国家限制经营、特许经营以及法律、行政法规禁止经营规定的除外。"（《最高人民法院关于适用〈中华人民共和国合同法〉若干问题的解释（一）》第十条）。由于合同系多方法律行为，缔约人必须涵盖各方代表。②意思表示一致。缔约人须就合同条款至少是主要条款达成合意，合同才成立。③合同标的。合同成立要件是否包括合同标的存在争议，有些学者把合同标的问题归于合同效力。在土地流转的实践中，老百姓往往忽略合同订立，采取口头商议或中间人作证等方式，又认为合同一旦订立就是有效的，忽略了合法因素，也不注意合同要件问题。

第二，土地流转合同的基本要素。土地流转的基本要素包括土地位置、面积、用途和流转方式等，还要涵盖将来可能出现问题的处理思路。

第三，指导主体的设立。土地流转及其合同签订本来是一个市场行为，但鉴于其新形势下的新事物性质，为避免严重隐患，最好成立政府的专门部门或中介组织进行相关法律法规方面的指导，这种指导要有土地流转实践中各种合同非规范性的针对性。

（二）制定耕地非粮化使用的惩治政策措施

在土地流转实践中，流转主体在土地的用途上处于信息优势地位，监管主体很难即时查知，即使流转时设立土地流转用途的审核，在具体使用时也可能发生改变。但是，一旦流转主体违反土地流转规定，就要接受相应的惩治，这其实就是由土地流转主体承担其优势信息的信息剩余。

(三) 政府积极作为

针对农民关于土地流转后的生存发展保障的后顾之忧，政府要从农民利益出发，想方设法给予缓解。

(四) 坚持土地流转尊重农民意愿

农民的意愿可以疏导，但绝不能强迫，这个原则必然能够大大减少土地纠纷，对于那些强制农民进行土地流转的行为，要给予坚决有力的制止。

第十四章 信息剩余理论的应用性研究
——网络市场问题

本章讨论网络市场的诚信问题及其信息剩余论基础上的治理机制。

第一节 网络市场诚信问题

一 网络市场的特点

第一,网上市场价格离散程度高。价格离散是指在一个市场中,一种商品在某一时间不同销售商之间的价格分布,在统计学表现为价格的级差和离差。一个市场价格离散很大说明这个市场是信息不充分的、低效率的。[①]

第二,网络市场的买卖双方发生时空分离。在传统市场条件下,买卖双方都采取了不同形式的面对面交易,而且购买者与商品相接触,网络市场则把两者隔开,购买者也只看到商品的虚拟形式,这些无疑加大了网络市场纠纷发生的可能性,也增加了购买者的购买风险,本来在传统市场中就存在的货币信息弱势问题在网络市场中更加突出。

二 网络市场的货币信息弱势

随着电子商务技术的发展,买家可以通过网上点击直接提交订单,购买商品或订购机票、预订酒店、租车等,并可通过在线支付缴

---

① 马庆国等:《网络市场效率与价格离散研究》,《浙江大学学报》2006 年第 4 期。

纳所需款项，网络市场飞速发展，但网络市场诚信问题突出，这些问题充分体现了网络市场的货币信息弱势的地位，我们给出"拆包后付款"的信息剩余论的机制设计。

网络市场的货币信息弱势表现在：

第一，称号不可靠。互联网上，号称"规模最大""成立最早""国内第一"的商家数不胜数。

第二，信用评价体系不可信。由成功交易的买卖双方彼此进行信用评分，这在一定程度上促进了网上信用体系的完善。但同时也暴露出了一些问题：一是买方在对卖方的服务感觉不满，最终给予卖方差评时，可能会遭受卖方的骚扰及报复，隐私权被侵犯。二是由于网上信用评价等级关系到卖方的声誉，逐渐成为买方选择商家的一个重要尺度，信用炒作便应运而生。即通过虚构交易，然后彼此或单方面给予好评。可喜的是，国内有名的C2C大型网站淘宝网已开始采取手段打击信用炒作，取得了一定的效果。

第三，大量的个人卖家没有营业执照。这给消费维权留下了一定的隐患。在网络市场上，买家大多只能看到商品的图片及有关说明，只有在付款收货之后，才能见到真正的商品，难免发生商品质量问题，一旦出现质量问题，解决起来比较费时费劲。同时，网络市场上也时常发生各种纠纷。

第四，物流环节等后续服务不太到位。网络市场快速发展的同时，一些配套环节没能及时跟上，突出表现在物流环节。网络市场中，货物最终到达买家的手中，除诸如网络游戏点卡等虚拟物品外，大部分需要送货。在我国，网点最全的物流机构当属邮政。但是，由于普通邮政的速度相对较慢，而邮政EMS的收费相对较高，所以，网上商家一般选择一些快递公司作为买家能挑选的送货机构。送货过程中的权利义务关系由商家代做简单的声明，买家并不与之发生直接的关系。但是，为了减少自己的义务，网上商家同时声明，对发生送货延期、在途损坏等情况，他们自身并不承担赔偿责任，消费者只能自己向送货机构追偿，少数不诚信的网上商家为了骗取消费者信任，采取货到付款的方式，但在货物送到消费者手中时，送货人员要求必须先付款才能打开包裹。而消费者打开包裹发现商品有质量问题之后,送货人员往往已经离开了,消费者只好自行联系卖家,而这些卖家或者不承认产品质量问题,或者尽管口头答应换货,却寻找各种理由拖延时间,最终消费者的问题也难以得到解决。

第五,消费者虚拟财产被盗,互联网服务成为消费者投诉热点。

第六,一些买家也可能在收到货物时,寻找各种借口拒绝付款。少数买家还可能参与恶意竞拍,即进行大量的竞买,但最终并不付款交易。①

第二节 网络市场治理机制

对此,我们进行信息剩余论基础上的治理机制设计。

一 拆包后付款

信息剩余论基础上的治理机制设计应以"拆包后付款"最为有效。网络商家"货到付款"的方式在实际交易中往往是"先付款才能打开包裹",可消费者在打开包裹后发现质量问题时要求退款却为时已晚,消费者向网商索赔,网商推物流,说是商品中途损毁不由他负责,消费者向物流索赔,物流说自己只管送货,不管商品质量,就这样消费者的货币被拿走了,低质的商品却无处退换。鉴于此,网络交易必须在付款之前检查商品质量;这与实体店的退货制度相比又进了一步,实体店无论是摊床市场、柜台市场,还是自选市场,尤其是后两种坐商市场,消费者都能够比较容易地找到真实的商家来进行面对面的索赔,再者索赔场面导致围观,人们目睹消费者的损失会给商家施加压力、影响商家的生意,而且今天的实体市场虽然面对网络市场的竞争,仍然拥有庞大的顾客群。这是因为,消费者在实体店索赔相对容易;网商来无影去无踪,消费者见不到人,导致追索更加困

---

① 刘洪波等:《积极维护网络市场秩序,促进网络市场健康发展》,《消费经济》2009年第5期。

难；在网上一个消费者的索赔难以引起围观，即使发生围观真实情况难以再现，商家压力较小。"拆包后付款"策略背后的理论基础是信息剩余理论，如果不良商家玩弄文字游戏，在"货到付款"和"先付款才能打开包裹"之间打时间差，消费者的"拆包后付款"就必然使商家的如意算盘落空，就等于让商家自留其信息，商家想损人利己，最终却落得作茧自缚。当然，这是一种两败俱伤，商家没有做成生意、消费者没有买到如意商品，这也正是"柠檬市场"的危害，但也是一种最有力量的治理方式，对待机会主义的最好方式就是不让他的机会主义得逞。

二 网络市场治理机制的博弈论诠释

我们还可以从博弈论的诠释获得"拆包后付款"的理解，在博弈过程中，交易双方的策略也是靠信息分析的，各自要了解自己和对方的需求、策略和效果等，站在交易双方之上看，他们都采取一种"占优策略"即一个局中人不考虑其他局中人采取什么策略而一直采取的策略，（机会主义，购买真货）可以看作是他们博弈的一种占优策略均衡，具有经济人假设的商品供应者总是倾向于采取机会主义行动，而无论购买者怎样防范，他都可以做到"道高一尺，魔高一丈"。相应地，买方总是想着能够获得货真价实的商品，而无论卖方如何机会主义，他都设法破解，双方不可能达成具有约束力的协议，这是一种具有互不相容味道的情形，卖方的机会主义不支持买方的购买真货，即买方购买真货的诉求不可能在卖方的机会主义中得到实现，机会主义只对卖方有利而对买方无利甚至有害，同时卖方的机会主义诉求也不可能在买方的购买真货中得到实现，购买真货只对买方有利而对卖方无利甚至有害。在这种（机会主义，购买真货）策略组合中，所有的参与者即买卖双方面临这样的一种情况：当对方改变策略时，他此时的策略是最好的。也就是说，此时如果他改变策略，他的支付将会降低。买卖双方是一种策略性环境即相互依赖的环境，一个人行为对另一个人的福利造成影响，他们本来是互相依托、生死与共的关系，表面上双方也都这样承诺，尤其是信息优势者卖方更是在把握交易主动权的前提下承诺货真价实，但实质上却在互相防范，尤其是卖方在设法欺瞒，以求次品优卖、少充多卖，这种非合作的博弈框架就是把所有人的行动都当成是个别行动，强调一个人进行自主的决策而与这个策略环境中其他人无关。

与这种非合作博弈相对照的是合作博弈，两者的区别在于参与人在博弈过程中是否能够达成一种具有约束力的协议，网络市场如果交易成功，就是一种合作博弈，其均衡可以是（诚信供货，诚信购买），这种合作博弈的结果为正和，博弈双方的利益都有所增加，或者至少是一方的利益增加而另一方的利益不受损害，因而整个社会的利益有所增加。当然，其中还有一个如何分配合作所得到的收益即收益分配问题，合作的方式或妥协是主要的分配途径，从中能够产生一种合作剩余，至于合作剩余在博弈各方之间的分配比例，则取决于博弈各方的力量对比和技巧运用，因此，妥协必须经过博弈各方的讨价还价来达成共识，合作博弈强调的是集体主义、团体理性，是一种效率、公平和公正，可见效率、公平和公正不等于没有讨价还价，它们不是自动实现的，不可能存在一个全知全能、绝对公正的化身来框定现实利益关系，公正是各个利益主体博弈的结果；如果交易没有成功，就是上面的非合作博弈及其均衡，导致零和博弈甚至负和博弈，在零和博弈甚至负和博弈中，消费者的诸多风险变为现实，要遭受财务损失、时间损失和社会评价的降低等，销售者也丧失了交易机会，乃至被最终逐出市场。这种非合作博弈中的人在利益相互影响的局势中总是考虑如何选决策使自己的收益最大，即策略选择问题，买卖双方不成功的非合作博弈是一种不完全信息静态博弈，参与者对所有参与者的策略空间及策略组合下的支付有充分了解称为完全信息；反之则称为不完全信息。静态博弈是指参与者同时采取行动，或者尽管有先后顺序但后行动者不知道先行动者的策略；动态博弈是指双方的行动有先后顺序且后行动者知道先行动者的策略，卖方可以看作先行动者、买方看作后行动者。在完全信息不完全信息问题上，买卖双方如前面的货币信息弱势理论的分析，显然是信息非对称关系，也就是属于一种不完全信息博弈，而后行动者买方又不可能知道先行动者卖方的具体策略，所以属于一种静态博弈，当然也可以这样看待，即后行动者买方虽然不可能知道先行动者卖方的具体策略，但是，他知道卖方行动的性质，即机会主义行动，这样的话，博弈又具有了动态博弈的特征，可见，买卖双方的博弈关系还是很复杂的。

非合作博弈的出路何在？可以进行博弈转化，即把非合作博弈转化成合作博弈，但要借助于非合作博弈之外的力量及其创设。非合作博弈的局中人的目标取向与实现路径正好相反，各个局中人都具有寻求相对利益最大化的理性反应，他们之所以采取非合作策略，其深层根源是本位利益优先思维，其非合作博弈的现实最终导致所有人的绝对收益最差和群体收益也最小，陷入与期望完全相悖的两难境地，商品供应者的商品卖不出去、商品购买者的需求得不到满足，要破解这种困局，唯有结成合作是买卖双方博弈的帕累托最优，其成员的效率也是最大的，但买卖双方的目标取向与实现路径的相反，以及个体收益水平与合作策略的选择之间的非简单线性相关将导致合作的暂时性和非稳定性，买卖双方合作的内生动力与自我强化机制的缺乏要求其合作共赢必须借助外部力量，诸如具有强制约束力的法律制度等，但最根本的还是"拆包后付款"。这样，才能建立起合作博弈的社会机制体系，才能确保其稳定性，实现交易成功的互利共赢。

"拆包后付款"可以辅以其他网络市场治理方式。

第一，消费者树立消费风险意识。从消费后果看，消费风险包括消费者的个人评价风险即消费者面对自己失败的购买会降低自我认知；社会风险即消费者的失败购买会招致周围熟人的低评价，其实也可以扩展地理解为消费的社会风险是消费者对社会治理水平的低评价；财务风险即遭受货币财富的损失；商品功能风险即低劣品对消费者造成的身体伤害和贻误时机等的损失；等等。消费风险意识的建立和增强会引导消费者考察风险的可能来源，在消费行为上事先设防。

第二，消费者通过网络市场学习提升其维权能力。在购物之前，通过各地工商局的官方网站查询网商的登记注册情况，警惕网上买家给予卖家的好评；消费者索取发票或者购物凭证可以方便日后维权。在学习网络市场知识，尤其了解网络市场中存在的问题的过程中，提高对网络市场主体诚信水平的辨识力是核心。懂得维权手段的运用，在权益受到损失时，首先要积极与经营者协商，协商不成要及时向政府部门诉求，还可以通过媒体及时报道，必要时诉诸法律。注意维护网络安全，在自己的电脑上安装杀毒软件并及时更新，随时查杀各种木马病毒，防止自己的交易账号、密码以及有关的银行账户信息被窃取，仔细辨识、防止登录钓鱼网站。

第三，加强政府部门监管。政府监管最具权威，可以全程覆盖，首先把好市场准入关，将网络商事登记内容纳入《商事登记法》要求，加强经营主体信息公开，保证消费者的知情权。其次加强日常行为监管，加大网上巡查力度，并将网上分类巡查与实地检查相结合，实现虚拟与现实对接，积极运用技术手段提高对网络市场违法经营行为的自动发现能力，从而提高监管效率，加大对网络服务提供商的监管，参与和主导信用评价体系建设，提高网络市场信用评价的权威性。

第四，网络市场卖方的诚信认知。机会主义的始作俑者是网络市场商品的提供者，包括网络市场经营者和网络服务提供商，网络服务提供商为网络市场经营者开设交易平台、网络黄页、虚拟空间租赁、网站主机托管和互联网接入等服务，所以也被纳入网络市场商品的提供者；他们有必要通过自我培训和政府等外界培训，认识到自己机会主义行为的危害性，这种危害性不只是对他人和社会的，最终也会危害到自身，因为欺诈具有传染性，这样的认识会促使他们抬高自己的行为底线，变机会主义为正常的功利目标、遵法守纪，以致到自觉的诚信经营。

以上网络市场的治理方式之所以是"拆包后付款"的辅助者，是因为它们都没有最终遏制网商的机会主义行为，网商的机会主义行为的出发点和归宿点是为了套取消费者的货币财富，它们只是对于这种套取的事先防范、规范约束和软弱的道德要求，不见得就能够在交易实践中得到执行，只有以信息剩余论为基础的"拆包后付款"机制才是对机会主义行动上的彻底摧毁。

参考文献

［美］奥利弗·E. 威廉森：《治理机制》，王健、方世建等译，中国社会科学出版社 2001 年版。

［美］巴泽尔：《产权的经济分析》，上海三联书店、上海人民出版社 1997 年版。

陈继明：《科学之根——有序演变的动力与机制》，科学出版社 2000 年版。

陈新汉：《现代化与价值冲突》，上海人民出版社 2003 年版。

陈宪：《经济学原理与应用》，高等教育出版社 2006 年版。

陈卫东主编：《量刑程序改革理论研究》，中国法制出版社 2011 年版。

陈志红：《相对性知识：理性沉思录》，广东人民出版社 2002 年版。

戴春勤：《思维的艺术推理与论证》，甘肃人民出版社 2003 年版。

方环非等编：《当代西方哲学思潮》，浙江大学出版社 2013 年版。

付蔚冈：《法律人之治：法律职业的中国思考》，中国政法大学出版社 2005 年版。

郭本禹等：《自我效能理论及其应用》，上海交易出版社 2008 年版。

［美］哈特等：《现代合约理论》，中国社会科学出版社 2011 年版。

何维达等：《现代西方产权理论》，中国财政经济出版社 1998 年版。

黄富峰：《道德思维论》，中国社会科学出版社 2003 年版。

贾西津：《转型时期的行业协会：角色、功能与管理体制》，社会科学文献出版社 2004 年版。

李玫：《技术性贸易壁垒与我国技术法规体系的建设》，中国标准出版社 2007 年版。

李善明：《中国经济制度变迁与经济增长》，前进出版社 2004 年版。

李树申等主编:《哲学与时代》,东北师范大学出版社 1986 年版。

李彦:《生活中的金融新知》,西南财经大学出版社 2002 年版。

Meriel Downey、A. Kelly:《教育的理论与实践——引论》,王箭、刘晖、张新平译,江西教育出版社 1989 年版。

马费成:《信息经济学》,武汉大学出版社 1997 年版。

马佩:《辩证逻辑》,河南大学出版社 2006 年版。

马晓军:《证券设计理论及融资工具创新问题研究》,中国财政经济出版社 2006 年版。

乔耀章:《政府理论》,苏州大学出版社 2003 年版。

秦美琴:《你所关心的房地产装修法律问题》,江苏人民出版社 2002 年版。

瞿明安主编:《现代民族学》第 1 册(下),云南人民出版社 2009 年版。

宋涛:《论国家垄断资本主义》,安徽人民出版社 1992 年版。

田玉敏主编:《商业网点消防安全》,中国国际广播出版社 2003 年版。

王爱俭:《金融创新工具交易》,天津大学出版社 1997 年版。

王海明:《公正与人道国家治理道德原则体系》,商务印书馆 2010 年版。

王利明等:《合同法新论》,中国政法大学出版社 1996 年版。

王萍等编著:《经济法案例精选精析》,中国社会科学出版社 2008 年版。

王生根编著:《审计实务:基于风险导向审计理念》,清华大学出版社 2009 年版。

魏华林等:《保险学》,高等教育出版社 2011 年版。

魏强:《相邻权纠纷的新特点及其化解对策》,《山东社会科学》2009 年第 10 期。

魏嵩寿:《消费者行为》,广西人民出版社 1987 年版。

谢庆绵主编:《现代西方哲学思潮评介》,厦门大学出版社 1989 年版。

徐晓主编:《法律思维与法学理论》,吉林人民出版社 2006 年版。

杨海芬:《政治经济学》,中国计量出版社 2007 年版。

袁桂林：《当代西方道德教育理论》，福建教育出版社 2005 年版。

［美］约翰·罗尔斯：《正义论》，中国社会科学出版社 1988 年版。

张俊杰编著：《给经理人每天看的管理学》，中共党史出版社 2010 年版。

张乃根：《国际贸易的知识产权法》，复旦大学出版社 1999 年版。

仲伟俊：《合作型企业间电子商务》，科学出版社 2009 年版。

张雪艳：《新制度经济学研究》，白山出版社 2006 年版。

赵建国：《中国式关系批判》，新华出版社 2013 年版。

赵文洪：《私人财产权利体系的发展：西方市场经济和资本主义的起源问题研究》，中国社会科学出版社 1998 年版。

邹铁军：《实用主义大师杜威》，吉林教育出版社 1990 年版。

迟焕霞：《北京试水无因退货效果初显》，《中国消费者报》2008 年 8 月 15 日。

大家论坛：《论完善我国循环经济建设政策》，《大家论坛》2010 年 4 月 26 日。

刁龙等：《行会异化：企业伦理缺失的内生原因——论行会古今差异对企业伦理的影响》，《理论月刊》2011 年第 10 期。

刘根菊：《在我国确定沉默权原则几个问题之研讨》，《中国法学》2000 年第 2 期。

刘洪波等：《积极维护网络市场秩序，促进网络市场健康发展》，《消费经济》2009 年第 5 期。

李泽平：《司法系统与行会治理机制：一致性与最优分布》，《生产力研究》2015 年第 2 期。

马庆国等：《网络市场效率与价格离散研究》，《浙江大学学报》2006 年第 4 期。

人民日报：《防范土地"非粮化""非农化"》，《人民日报》2014 年 2 月 22 日第 3 版。

施祥云：《信封上缄字的由来》，《建筑工人》2015 年第 8 期。

搜狐教育网：《助学贷款》，2007 年 8 月 9 日，http://news.haosou.com/ns。

王湘红、王曦:《退货制度影响消费倾向的行为理论和调查》,《经济理论与经济管理》2009 年第 10 期。

吴越:《"用脚投票"规则与后悔权的博弈》,《法制资讯》2009 年第 6 期。

杨静:《新自由主义"市场失灵"理论的双重悖论及其批判》,《马克思主义研究》2015 年第 8 期。

杨继瑞等:《绝对地租的价值构成实体及其演变的探析》,《马克思主义与现实》2014 年第 3 期。

智库:《贸易壁垒的种类》, 2009 年 11 月 27 日, http://www.e-to-china.com.cn/knowledge/commerce/2009/1127/67020.html。

周波:《柠檬市场治理机制研究述评》,《经济学动态》2010 年第 3 期。

仲晓东:《大学生助学贷款困境的经济学分析》,《经济体制改革》2009 年第 1 期。

周颖等:《攻击性警戒——回避效应的实验研究》,《心理科学》2006 年第 3 期。

周迎久:《河北建立循环经济统计制度》,《中国环境报》2013 年 2 月 19 日。

Chen, "A revised Inno-Qual performance system for higher education: The integrated applications of DEMATEL and ANP", *The Journal of the Operational Research Society*, EISCI2012 4.

Chuchalin, O., Boev, A., "The Russian system of higher education in view of the Bologna process", *International Journal of Electrical Engineering Education*, EISCI2007 2.

Juan Jose Tari, "Self-assessment exercises: A comparison between a private sector organisation and higher education institutions", *International Journal of Production Economics*, EISCI2008 1.

Moorad Choudhry, "The Bond and Money Markets: Strategy, Trading, Analysis", *E-journal*, 2001.

Niamh Nic Shuibhne, "Regulating the Internal Market, School of Law",

University of Edinburghe Journal, *E - journal* 2006.

Zoran Radojicic Veljko, "Quantity or Quality: What Matters More in Ranking Higher Education Institutions?", *Current Science: A Fortnightly Journal of Research*, EISCI2012 2.

后　记

本书为笔者承担的教育部人文社会科学研究项目资助"信息视角的市场治理研究"（13YJA790103）；河北省科技厅软科学项目"河北省农村土地流转中的突出问题与对策研究"（16456108D）。

中国特色社会主义市场经济的有序发展不仅需要法治和行政的规章制度等宏观环境，更需要市场主体间关系的微观透析，买卖双方之间的信息力量平衡是交易公平的深刻条件，基于这样的认识，本书从信息视角切入，就交易者的信息特点以及他们之间的信息对比关系进行深入分析，提出信息平衡化的必要性和途径，并对一些重要市场类别给予针对性剖析，这种分析具有独创性和可操作性，并具有坚实的理论基础。

中国社会科学出版社的卢小生主任不辞劳苦、耐心细致，对本书的出版付出大量心血，卢老师对稿件的修改认真严格，他严谨的学风感人至深，令人难忘，同时也巩固和提升了笔者对中国社会科学出版社的敬仰。

这本书能够出版，得到了教育部、河北省科技厅和河北经贸大学的资助，感谢你们！感谢同事、朋友们平日的无私帮助、支持和指导！这些将鼓舞我今后更加努力地工作，多出成绩。

书稿写作参阅了大量文献资料，感谢各地各方面的专家学者的研究劳动，向你们致敬！

作者
2018 年 8 月